Östliche Philosophie

- Grundlagen

Auf den Spuren des Buddhismus, Konfuzianismus und Taoismus

Lennart Sonnstedt

Inhalt

V. Die drei Lehren im heutigen China.............180

I. Fernöstliche Lehren

In China geht das Sprichwort um: „Ein Chinese ist Konfuzianer, wenn es ihm gut geht, er ist Taoist, wenn es ihm schlecht geht, und er ist Buddhist im Angesicht des Todes." Jede dieser drei Lehren ist in erster Linie als eine spezielle Einstellung zum Leben entwickelt worden und hat daher viele Aspekte einer Philosophie. Es treten aber auch Gedanken über den Tod auf, vor allem im Buddhismus. Gleichzeitig gibt es Priester und Götter. Daher werden sie oft als Religionen verstanden, vor allem der Taoismus. Jede von ihnen hat jahrhundertelange Wurzeln, und jede von ihnen wurde vom kommunistischen System, das sich ab 1949 in China etablierte, unterdrückt. Der Konfuzianismus entstand in China, ebenso wie der Taoismus. Doch auch der Buddhismus, dessen Wiege in Indien stand und der sich schon bald in China etablierte, wurde von Mao Tsetung unterdrückt. Von allen drei Philosophien zerstörte man Kulturstätten. Doch seit China sich dem Westen geöffnet hat und zudem den Touristen Sehenswürdigkeiten bieten will, können die drei entscheidenden Philosophien des Fernen Ostens auch in China wieder ohne Verfolgung existieren. Sie sind **die drei „großen Lehren" Chinas**, deren Anschauungen oft ineinanderfließen.

II. Konfuzianismus

ENTSTEHUNG

Der Konfuzianismus entstand vor über zweitausend Jahren in China und war dort jahrhundertelang Staatsreligion. Noch um die Jahrhundertwende zu 1900 gab es ca. 300 Millionen Anhänger. Gravierende gesellschaftliche Änderungen im kommunistischen System führten dazu, dass die Zahl deutlich zurückging. Man schätzt die Anhänger in der heutigen Zeit weltweit auf mindestens 10 Millionen. Doch es gibt keine absolut zuverlässige Statistik darüber. Ist die fernöstliche Weltanschauung auch weit vom westlichen Denken entfernt, so gehört doch eine goldene Regel dazu, die hierzulande jedermann als Redewendung kennt: „Was du nicht willst, was man dir tut, das füg' auch keinem andern zu." Auch eine typische Einstellung, die Konfuzius an den Tag legte, ist bis heute interessant. Er wollte, dass jeder, der Lernwilligkeit und Eifer zeigt, unabhängig von seiner Herkunft unterrichtet wird, und das praktizierte er. Wer wohlhabend war, gab mehr, wer es nicht war, gab weniger.

Seine Weisheiten wurden nicht nur in China zur Grundlage der Weltanschauung, sondern auch in **Japan, Korea, Vietnam, Tai-**

wan und Myanmar (Burma). Er wollte erreichen, dass alle Menschen mit sich selbst, der Familie, der Gesellschaft und letztlich auch dem Universum in Einklang leben, und ging davon aus, dass das korrekte Verhalten des Einzelnen sich auf sein Zuhause, seine Ortschaft, seine Provinz, seinen Staat und auf den Kosmos auswirkt. Deshalb gab er den Menschen ausgeprägte Wertvorstellungen mit auf den Weg, sowohl den Privatleuten wie den Mitgliedern der Regierung.

Den grandiosen Erfolg, den seine Thesen und Anleitungen hatten, erlebte er jedoch nicht mehr, erst nach seinem Tod wurden sie populär. Er selbst hätte das nicht für möglich gehalten. Er tat, was er konnte, doch er glaubte nicht, dass seine Lehren einen großen Einfluss auf die Entwicklung Chinas haben könnten. Aber sie spielten nach seinem Tod eine vergleichbare Rolle wie in anderen Ländern und Religionen. Ihm zu Ehren und zur Erinnerung an seine hervorragende Tätigkeit als Lehrer und Erzieher errichtete man im Jahr 478 v. Chr. in Qufu einen Tempel. Der „Konfuziustempel" umfasst heute Dutzende von Bauwerken, über hunderttausend Nachkommen des weisen Mannes sind auf dem Gelände begraben. Über die Jahrhunderte wurden immer wieder Teile davon zerstört, und immer wieder wurden sie aufgebaut. Der Friedhof gehört bis heute zu den oft besuchten Sehenswürdigkeiten Chinas. Jährlich finden hier **die Internationalen Konfuzius-Kulturfestivals** statt.

LEBEN DES KONFUZIUS (551 – 479 V. CHR.)

Konfuzius wurde 551 v. Chr. in Lu geboren, was man heute als Qufu kennt. Der Ort liegt in der Provinz Shandong im Nordosten Chinas. Sein originaler Nachname war **Kong**, sein Vorname **Qiu**. Seine Eltern hatten die Götter darum gebeten, ihnen einen Sohn zu schenken, und gaben ihm den Namen im Bewusstsein, ihnen damit für die Wunscherfüllung zu danken. Die lateinische Form „Konfuzius" schufen jesuitische Missionare im China des 16. Jahrhunderts.

Im Alter von 2 Jahren verlor Konfuzius seinen Vater, der als Befehlshaber eine führende Position im Heer innehatte. Er entstammte einem Adelsgeschlecht, das jedoch seine gesellschaftliche Position und seinen Reichtum nicht hatte halten können und letztlich verarmte. Seine Mutter war dann alleinerziehend. Der Großvater unterrichtete den wissenshungrigen Jungen. Im **Alter von 15 Jahren** beschloss Konfuzius zu studieren. Sein Studium umfasste mindestens die damaligen Künste und Wissenschaften **Bogenschießen, Wagenlenken, Mathematik, Poesie, Musik und Tanz**. In dieser Zeit informierte er sich bereits ausführlich über die Denkweisen und Vorstellungen der älteren Generationen. Als er **16 Jahre** alt war, starb auch seine Mutter. Zwei Jahre später **heiratete er**. Im gleichen Jahr erhielt er eine staatliche Anstellung in der Kornkammer der Gemeinde Lu. Das war insofern eine wichtige Position, als Getreide als Zahlungsmittel galt. Bald darauf übertrug man ihm die Verantwortung für die wirtschaftlichen Verhältnisse, die vor allem für die Landwirtschaft galt. Seine Position war so etwas wie ein **(Land-) Wirtschaftsminister** von Lu.

Das Ehepaar bekam einen Sohn und mindestens eine Tochter. Doch Konfuzius trennte sich nach einigen Jahren, wahrscheinlich **im Alter von 23 Jahren**, von seiner Frau. Die Gründe dafür sind unbekannt. Man weiß also nicht, wie er sich als Ehemann und Vater verhielt. Fest steht, dass er für den Rest seines Lebens Single blieb. Allerdings gibt es zwei Zitate von ihm, die sinngemäß lauten: „Die Begierden des Mannes sind das Essen und der Beischlaf" und „Mit Frauen und Bediensteten ist am schwersten auszukommen. Denn, wenn man ihnen zu nahe ist, werden sie unbescheiden, und wenn man ihnen zu fern ist, werden sie unzufrieden." Die Anhänger Konfuzius' nahmen nie auf seine frühe, gescheiterte Ehe Bezug. Sie sprachen nur von seinen Schülern, die er tatsächlich wie eigene Kinder zu lieben schien.

Es wurde Konfuzius immer weniger möglich, seine Aufgaben als Minister zu erfüllen. Zu sehr wichen seine klaren Vorstellungen von ernsthafter Pflichterfüllung und vorbildlicher Disziplin von denen seines Provinzfürsten ab, der sich nicht daran hielt. Schon jetzt hatte er das Bild von einem „edlen" Menschen im Kopf, der sich korrekt verhält. Man drängte ihn auch, seinen Beamtenposten niederzulegen. Das tat er und **gründete ca. 520 v. Chr. seine eigene Schule.** Die Herkunft seiner Schüler interessierte ihn nicht, sondern nur ihre Fähigkeiten und ihre Motivation. Jeder bezahlte das, was er konnte. Viele seiner Schüler wurden später politische Berater für die Herrscher in den verschiedenen Reichen, aus denen China damals bestand, andere erreichten Erfolge in den Gebieten Literatur, Sprache und Morallehre. Zwei Jahre später ging Konfuzius in ein benachbartes Fürstentum. Hier widmete er sich dem Studium der Geschichte, vor allem der rituellen Handlungen und Bräuche seiner Landsleute. In dieser Zeit traf er auch einmal auf den Philosophen Laotse.

Im Jahr 517 v. Chr. musste der Herrscher von Lu vor Konkurrenten ins Nachbargebiet Qi fliehen. Konfuzius begleitete ihn und stand ihm mit Rat und Tat zur Seite. Ein Jahr später kehrte er nach Lu zurück und unterrichtete wieder in seiner Schule. Um 500 wurde er Beamter beim Herzog der Provinz Lu. Zunächst war er als Gouverneur tätig, später stieg er zum **Bau- und dann zum Justizminister** auf. Berichten zufolge ließ er in dieser Funktion einen Unruhestifter hinrichten. Lu wuchs und gedieh während der Ministerzeit von Konfuzius, der viel Wert auf Einhaltung der öffentlichen Ordnung legte, in nie gekanntem Ausmaß. Hier konnte er seine Vorstellungen vom gesellschaftlichen Wert gelebter Traditionen und moralischer Tugendhaftigkeit politisch umsetzen.

Der Erfolg machte die nachbarlichen Fürstentümer neidisch, vor allem im Nachbarstaat Qi. Der Herrscher ließ seinem Pendant in Lu 80 schöne Tänzerinnen als Geschenk „von Fürst zu Fürst" zukommen. Sein Ziel war, die Moral des Herrschaftshauses damit zu untergraben. Dies gelang ihm. Der Fürst nahm das Geschenk an und wies die Bedenken Konfuzius', dass er damit dem Sittenverfall Vorschub leistete, zurück. Die Tänzerinnen blieben, und Konfuzius verschwand – mehr oder weniger vom Hof gejagt. Das war **das Ende seiner politischen Karriere**, die auch immer wieder von Intrigen gegen ihn und seine hohen Erwartungen beeinträchtigt war. Er wurde nie mehr mit einem öffentlichen Amt betraut, weil die Herrscher nichts von seiner Vorstellung hielten, dass auch sie sich tugendhaft und moralisch integer zu verhalten hätten.

In den Jahren **497 bis 484 v. Chr. war Konfuzius auf Wanderschaft**, immer mit Anhängern im Gefolge, die er unterrichtete. Sie kamen durch mehrere Staaten Chinas. Keins der dortigen Herrscherhäuser unterstützte Konfuzius, der zuweilen sogar um sein Leben bangen musste. Kaum zurück zu Hause in Lu, wurde Konfuzius **im Jahr 483 mit dem Tod seines Sohnes** konfrontiert. Im gleichen Jahr erblickte sein **Enkel Zisi** das Licht der Welt, der das philosophische Erbe seines Großvaters hochhielt und weiterentwickelte, indem er es mit Ideen aus der Numerologie verband.

Zwei Jahre später starb Konfuzius' Lieblingsschüler **Yan Hui**, der von allen Anhängern aus den ärmsten Familienverhältnissen stammte. „Wenn ich um diesen Mann nicht weinen würde, um wen würde ich es dann tun?" wird Konfuzius sinngemäß zitiert.

Ein Jahr später musste er auch um einen seiner treuesten Schüler trauern, den „Zilo" genannten, politisch sehr begabten **Zhong You**. Er war für seinen ausgeprägten Gerechtigkeitssinn und Mut bekannt. Konfuzius hatte jedoch seine mangelnde Fähigkeit, vorausschauend genug zu handeln, längst erkannt und ihn oft zur Vorsicht ermahnt. Zilo starb, als er sich wieder einmal unbedacht verhielt und uneigennützig, aber auch ungeschützt, für die Verteidigung seines Fürsten eintrat.

Konfuzius selbst wurde in seinen letzten Jahren in Lu respektiert, aber er war keine Autorität mehr und verfiel die letzte Zeit seines Lebens in Schweigen. Als er 479 v. Chr. starb, war er keineswegs ein über alle Grenzen hinweg berühmter Mann in China. Seine Schüler trauerten drei Jahre um ihn. Sein treuester Anhänger, **Zigong**, baute sich neben seinem Grab ein kleines Gehäuse, in dem er weitere drei Jahre in Trauer um ihn lebte. Diese Stätte sollte sich im Laufe der Jahrhunderte zu dem „Konfuziustempel" mit seiner großen Friedhofsfläche ausweiten.

Konfuzius lehrte nicht nur seine moralischen Doktrinen, er lebte sie vor. Trotzdem hielt er sich selbst für fehlerhaft. Er war ein tugendhafter, disziplinierter Gelehrter und gleichzeitig ein humorvoller, einfühlsamer Mensch mit einer optimistischen Ausstrahlung. Er soll ca. 3.000 Menschen in seinem Leben unterrichtet haben, darunter waren über 70 Anhänger, die darauf aufbauten und großen beruflichen Erfolg erzielten.

Über die weitere Geschichte beeinflusste die Lehre Konfuzius' Hunderte von Generationen, die sich mit seinen Lehren beschäftigten. Neben dem Aspekt des Respekts für jedermann forderte Konfuzius von seinen Anhängern, dass sie voneinander lernen und die kulturellen Normen anderer Menschen akzeptieren sollten. Bahnbrechend war, dass er Bildung für alle forderte, da zu seiner Zeit nur die Oberschicht, also Aristokratie und Regierung, Zugang dazu hatte, und außerdem, dass er von den einfachen wie von den „vornehmen" Menschen verantwortliches Handeln erwartete. Viele Zitate sind heute noch in aller Munde, von dem oft verwendeten „Der Weg ist das Ziel" bis zu dem pädagogischen Hinweis „Was man mir sagt, vergesse ich. Was man mir zeigt, daran erinnere ich mich. Was man mich tun lässt, das verstehe ich".

Konfuzius wurde nach seinem Tod verehrt, im Laufe der Geschichte **als Weiser, als Heiliger und zuweilen sogar als Gott.** Oft wurde er in eine Reihe mit Jesus gestellt. Man errichtete ihm und seiner Lehre zu Ehren Statuen. Manche Herrscher verteufelten ihn jedoch auch. Die Lehre des Konfuzius entwickelte sich im Laufe der Jahrhunderte weiter und nahm verschiedene Aspekte an. Wesentliche Elemente blieben jedoch gleich, und die gesamte Weltanschauung ging schließlich als „Konfuzianismus" in die Geschichte der Philosophie ein. Es gibt auch Zweige der Religionswissenschaft, die ihn als Religion behandeln.

TEXTE DES KONFUZIANISMUS

Konfuzius schrieb keine Texte, die seine Lehren festgehalten oder erläutert hätten, obwohl er sich mit vielen Texten beschäftigte, die als Grundlage seiner Überzeugungen dienten. Seine politische Laufbahn, die ihm nur kurzfristig eine praktische Umsetzung seiner Ideen ermöglicht hatte, war gescheitert. Er ging davon aus, dass seine Aufzeichnungen keine langfristige, durchdringende Wirkung erzielen würden, da seine Lehrtätigkeit schon zu Lebzeiten nur bedingt fruchtete. Deshalb setzte er seine ganze Energie für die Unterweisung ein. Dabei hoffte er, dass seine Anhänger seine Vorstellungen vorleben und an die nächsten Generationen weitergeben würden. Die Schüler, darunter sein Enkel Zisi, sammelten seine Thesen und Anweisungen und legten sie schriftlich nieder. Darunter waren allerdings nicht nur Original-Aussprüche von Konfuzius selbst, sondern auch Schriften aus vergangenen Zeiten, auf die er als Vorbilder zurückgriff. Konfuzius und seine Anhänger verstanden sich zum großen Teil auch als Übermittler und Vertreter althergebrachter Weisheiten, die es wiederzubeleben galt. Durch die Aufzeichnungen kamen folgende Werke zustande, die man als Klassiker inhaltlich Konfuzius' Lehren zuschreibt:

- „Riten der Zhou" (in der Zhou-Dynastie, die von 1046 bis 221 v. Chr. dauerte, lebte Konfuzius)

- „Etikette und Riten"

- „Klassiker der kindlichen Pietät"

- „Die Analekten des Konfuzius" (oft als „Lunyu" zitiert)

In diesen Werken finden sich die Säulen, auf denen Konfuzius seine Lehre aufbaute, nämlich Humanität, Rechtschaffenheit, Kindespietät und Riten. Weitere Klassiker wurden von Konfuzius empfohlen, in welchem Ausmaß seine eigenen Worte darin festgehalten sind, ist ungeklärt.

Es sind

- „Das Buch der Wandlungen"

- „Das Buch der Lieder"

- „Das Buch der Urkunden"

- „Das Buch der Riten" (mit seinen Abschnitten „Das Große Lernen" und „Maß und Mitte") und

- „Die Frühlings- und Herbstannalen".

Später wurden noch weitere vier Bücher hinzugefügt, die sich teilweise durch Abschnitte aus den bereits vorhandenen ergaben:

- Lunyu (Die Analekten, die Lehrgespräche des Konfuzius enthalten)

- Daxue (beinhalten „Das Große Lernen")

- Zhongyong (beinhalten „Maß und Mitte")

- Das Buch des Mengzi

CHARAKTERISTIKA DER ZEIT

Konfuzius lebte in der **Zhou-Dynastie**, einer Zeit, die von Umbrüchen geprägt war. Der erste Teil der Dynastie währte von 1046 bis 771 v. Chr. Es gab ein Königshaus, und in den einzelnen Regionen herrschten Angehörige von Sippen. Der Adel war ausgiebig vertreten und bildete die Oberschicht. Diese Zeit wird **„Westliche Zhou-Zeit"** genannt. Danach mussten die Herrscher der Zhou-Dynastie ihre angestammten Regionen verlassen und nach Osten ziehen. Es entwickelten sich mehrere Gebiete mit zusammenhängenden Siedlungsregionen, die jeweils für sich standen und eigene Regierungen hatten. Daraus ergaben sich Staaten, die meistens von Stämmen bewohnt wurden. Jeder Staat verfügte auch über ein eigenes Heer. Diese Zeit wird **„Östliche Zhou-Zeit"** genannt. Die Machthaber dieser Zeit zeichneten sich durch Herrschsucht und diktatorische Handlungsweisen aus. Eine Einheit der Gebiete wurde erst mit dem Ende der Zhou-Dynastie im Jahr 221 v. Chr. erreicht. Konfuzius durchwanderte zu seiner Zeit also mehrere verschiedene Staaten, die alle zum heutigen China zählen.

Die Gesellschaft entwickelte sich in diesen Jahrhunderten in technologischer und kultureller Hinsicht, z. B. wurde der Eisenpflug eingesetzt. Die ersten Schriften entstanden. Es gab Fortschritte auf den Gebieten der Medizin, Technik und Mathematik. Auch die astronomischen Erkenntnisse wurden erheblich erweitert. Die ersten Bücher entstanden. Gleichzeitig bildete sich ein Verwaltungssystem mit ersten funktionierenden bürokratischen Abläufen heraus. Die Zhou-Dynastie wird auch als **das „Goldene Zeitalter" Chinas** beschrieben, und zwar nicht zuletzt wegen großer Denker wie Konfuzius.

Die Menschen in der unruhigen Zeit, in der Konfuzius lebte, hatten keine klaren Handlungskonzepte und Wertvorstellungen mehr, denen sie folgen konnten, sodass die Gesellschaft nicht mehr gut zusammenhielt. Konfuzius spürte das Bedürfnis nach einem solchen moralischen Konzept und lieferte es, wobei er auf vieles, was an Weisheit schon in Büchern vergangener Jahrhunderte stand, zurückgriff. Bei Menschen, die unter der Veränderung in den sozialen Verhältnissen litten oder denen sie bewusst waren, hatte er Erfolg.

ENTWICKLUNG DES KONFUZIANISMUS

GRUNDSÄULEN DER LEHRE KONFUZIUS'

Konfuzius hielt Lernen für ein wichtiges Element im Leben eines Menschen. Seine fünf Grundsäulen für korrekte Verhaltensweisen waren:

- Mitmenschlichkeit und Menschenliebe
- Gerechtigkeit
- Treue und Aufrichtigkeit
- Bildung und Weisheit
- Sitten und Riten

Diese Werte sollten für alle Schichten der Gesellschaft gelten, auch für die Machthaber.

Als grundlegende Beziehungen in der Gesellschaft sah er an:

- Herrscher und Untertan
- Vater und Sohn
- Älterer Bruder und jüngerer Bruder
- Ehemann und Ehefrau
- Freund und Freund

Konfuzius setzte auf Verständnis und Erziehung, aber auch auf Konsequenzen bei Fehlverhalten, durchaus in Form von Strafen. Gleichzeitig legte er Wert auf Anreize. Das Wichtigste war ihm jedoch ein vorbildhaftes Verhalten von Autoritäten, wobei er die Regierung einbezog. Er ging davon aus, dass das richtige Verhalten des Einzelnen von der Familie bis in die Gesellschaft und letztlich bis in den Kosmos wirkte und für Harmonie sorgte. Um das zu erreichen, wollte er, dass jeder Einzelne seine Stellung innerhalb des Sozialwesens akzeptierte und dort, wo er war, sein Bestes gab. Wer mehr Macht hatte, hatte allerdings auch mehr Verantwortung und sollte für seine Untergebenen mit Güte und Wohlwollen sorgen. Dazu gehörte die Sicherstellung der Ernährung, Erhaltung des Friedens und Bildung.

Einige seiner Nachfolger übernahmen seine Lehre, fügten aber eigene Ideen hinzu.

MENGZI (CA. 371 – 289 V. CHR.)

Der chinesische **Philosoph Mengzi** ist einer der bekannten Vertreter des Konfuzianismus, der bald auf den großen Lehrer folgte. Sein Wirken war zu seinen Lebzeiten sogar mit mehr Erfolg gekrönt, weil er Zugang zu Mitgliedern des Adels und der Herrschaftshäuser hatte, die ihm Gehör schenkten. Auch er lebte in bewegten Zeiten, in denen es Streit zwischen den Staaten gab. Das zeigt ein Zitat (sinngemäß): „Früher befestigte man

Übergänge, um Gewalttaten abzuhalten. Heutzutage befestigt man Übergänge, um selbst Gewalttaten zu verüben." Die Spanne zwischen 475 bis 221 v. Chr. bezeichnet man treffend auch als **Zeit der „streitenden Reiche".**

Mengzi stellte sich den Menschen als von Natur aus gut vor und ging davon aus, dass es Einflüsse von außen und unbeherrschbare Gefühle sind, die Menschen zu unsozialen Taten verleiten. Sinngemäß sagte er z. B.: „Der Drang zum Guten wohnt dem Menschen inne wie dem Wasser der Drang, bergab zu fließen. Es gibt keinen Menschen, der nicht von Natur aus diesen Drang zum Guten hat, so wie es auch kein Wasser gibt, dass nicht abwärts fließt."

Seine Philosophie setzte sich in einem gravierenden Punkt von Konfuzius ab, denn er akzeptierte die Idee, eine willkürliche Herrschaft zu beenden, was eine radikale Umwälzung, initiiert von unterdrückten Untertanen, beinhaltete. Das hätte Konfuzius nicht befürwortet. Mengzi benennt Fehlverhalten von Herrschenden z. B. so: „Achtung zeigt sich darin, dass man die anderen nicht geringschätzt, und Mäßigkeit darin, dass man den anderen nichts wegnimmt. Fürsten, die die Menschen geringschätzen und berauben, sind nur besorgt, die Leute könnten ihnen nicht zu Willen sein."

Mengzis Wirken ist es zu verdanken, dass der Konfuzianismus Bestand hatte, auch neben anderen Philosophien, die sich entwickelten, wie dem Taoismus.

XUNZI (CA. 310 – 230 V. CHR.)

Im Gegensatz zu **Mengzi** ging der chinesische konfuzianische **Philosoph Xunzi** davon aus, dass Menschen von Natur aus unberechenbar und schlecht sind und gute Lehrer brauchen, die sie intensiv erziehen, damit sie eine moralische Einstellung entwickeln können. Er befürwortete strenge Regeln, damit der ursprünglich böse Charakter im Zaum gehalten wird. Zitate von ihm sind (sinngemäß): „Auch dem Edlen sind die Tugenden nicht angeboren, er muss sie erlernen, wie alle anderen auch" und „Was schädigt den Staat? Wenn schlechte Menschen Macht besitzen und das Volk regieren".

Xunzi duldete keine anderen Theorien neben seiner und kritisierte Andersdenkende öffentlich, darunter auch Mengzi. Beide Philosophen waren hochgeachtete Gelehrte der „Jixia-Akademie" im damaligen Staat Qi, die man heute als Thinktank bezeichnen würde. Das ist eine Denkfabrik, in der Konzepte für Wirtschaft und Gesellschaft entwickelt werden, die Einfluss auf politische Entscheidungen nehmen.

Xunzi war Berater des Sekretärs **Li Si**, den **Qin Shihuangdi, der erste Kaiser Chinas (259 – 210 v. Chr.),** zu seinem Kanzler machte. Mit dem Herrscher folgte die Qin-Dynastie auf die

Zhou-Dynastie. Li Si verfälschte die Einstellung Konfuzius' so weit, dass Menschen nur durch das Androhen schlimmer Strafen überhaupt zu sozialem Verhalten kommen könnten und kaum durch gute Erziehung. Der Kaiser vereinte die zerstrittenen Staaten Chinas, allerdings in erster Linie durch Eroberungen. Unter seiner Herrschaft gab es strenge Regeln und harte Strafen bei Nichtbeachtung, wie von Li Si gefordert.

Während Qin Shihuangdi an seinem Hof Reichtum anhäufte und in Saus und Braus lebte, versklavte er viele Menschen. Sie mussten, zusammen mit Soldaten, die Anfänge der Großen Mauer errichten und die berühmte **Terrakotta-Armee** bauen. Sie umfasste ca. 7.000 lebensgroße Tonfiguren, die er mit in seine Grabstätte geben ließ. Der extrem unbeliebte Herrscher baute einen Beamtenapparat auf, der die Bevölkerung kontrollierte. Li Si veranlasste eine groß angelegte Bücherverbrennung, der Hunderte von philosophischen Schriften zum Opfer fielen, darunter auch die Werke Konfuzius'.

HAN DYNASTIE (206 V. CHR. BIS 220 N. CHR., MIT KURZER UNTERBRECHUNG)

Kaiser Han Gaozu (ca. 256 bis 195 v. Chr.)

Kaiser Han Gaozu, dessen Geburtsname Liu Bang lautete, war Kaiser von China und Begründer der **Han-Dynastie**. Jahrelang hatte er nichts für literarische Werke, geschweige denn den Konfuzianismus übrig. Ein Bericht besagt, dass er Besuchern, die Konfuzius-Anhänger waren, den Hut wegnahm und hinein urinierte. Als er Kaiser war, konfrontierte ihn sein **Berater Lu Jia** mit der Frage, woher er denn wisse, dass er gut regieren würde, was ihn ins Grübeln brachte. Außerdem drängte Lu ihn immer wieder, die Weisheitsbücher des Konfuzius zu lesen.

Eines Tages erwiderte der Kaiser entnervt, dass er alle seine Besitztümer auf dem Rücken seines Pferdes sitzend gewonnen hätte und warum er sich dann noch mit Büchern beschäftigen sollte. Der Gelehrte soll (sinngemäß) geantwortet haben, dass der Kaiser zwar seine Reichtümer vom Pferderücken aus gewonnen hätte, aber ob er sein Reich denn auch vom Pferderücken aus regieren könnte. Außerdem wies er darauf hin, dass die vorhergehende Qin-Dynastie ihre Herrschaft mit Strafen statt mit Milde und Gerechtigkeit ausgeführt hatte, was sie schließlich zu Ende gehen ließ und Gao van Han an die Macht brachte. Das Scheitern des Konfuzianismus hätte den Kaiser also an die Macht gebracht. Also müsste er ihn wieder aufleben lassen, zum Wohle aller und seiner eigenen Herrschaft.

Die riskante Erwiderung, die eine harte Strafe hätte nach sich ziehen können, stieß auf Wohlwollen und auf Neugier des Kaisers. Er wies Lu Jia an, ein Werk über die Ideen des Konfuzianismus zu erstellen. Das tat er mit dem Buch „Xin Yu (**Neue Reden)**“. Der Kaiser und seine Gefolgschaft am Hof hörten sich jedes einzelne Kapitel an und stimmten den Thesen begeistert zu.

Gao van Han ließ den Konfuzianismus nach und nach wieder aufleben. Er schaffte die härtesten Gesetze der Qin-Dynastie ab und reformierte das Rechtssystem, erhielt jedoch auch zugleich ein System von Bestrafungen aufrecht. Mehrere Gelehrte des Konfuzianismus wurden als Regierungsberater engagiert. Die verbrannten Texte, die es nirgends mehr gab, schrieben die Gelehrten aus der Erinnerung wieder auf.

Kaiser Han Wudi (156 bis 87 v. Chr.)

Kaiser Han Wudi war ein Kaisersohn mit Geburtsnamen Liu Che. Er sollte zu einem der bedeutendsten Herrscher Chinas werden. Seine Regierungszeit von mehr als einem halben Jahrhundert währte erstaunlich lang. Zu seiner Zeit hatte sich schon der Taoismus etabliert, dem er eine Zeit lang anhing. Diese Lehre stand zum Konfuzianismus in Konkurrenz, vor allem an den Kaiserhöfen. Doch **Han Wudi ernannte ca. 135 v. Chr. den Konfuzianismus zur Staatsphilosophie,** der jedoch ca. 15 Jahre später weitere Konkurrenz von buddhistischen Mönchen aus Indien erhielt. Der Buddhismus wurde in China jedoch erst Jahrzehnte später offiziell anerkannt.

Jeder, der sich Lehrer nennen wollte, musste die Werke „Das Buch der Wandlungen", „Das Buch der Lieder", „Das Buch der Urkunden", „Das Buch der Riten" und „Die Frühlings- und Herbstannalen" studiert haben und lehren. Man nahm sie damals als vollständig aus Konfuzius' Feder stammend an, was Historiker später relativierten.

Han Wudi orientierte sich an dem Konfuzianismus-Verständnis des Gelehrten **Dong Zhongshu (179 – 104 v. Chr.).** Der fügte den Ideen des Mengzi die Vorstellung vom „**Mandat des Himmels**" hinzu, die in der Zhou-Dynastie üblich war. Sie besagt, dass ein guter Machthaber vom Himmel behütet wird, während ein schlechter von ihm abgelöst wird. Der Himmel warnt den Herrscher mittels Naturkatastrophen wie Fluten oder Erdbeben, seinen falschen Weg zu korrigieren. Der Herrscher hat für das Wohlergehen und die Erziehung und Bildung seines Volks zu sorgen und muss moralische Prinzipien hochhalten. Er ist ein Vermittler zwischen dem Himmel (bezeichnet als Tian) und der Menschheit bzw. Menschlichkeit (bezeichnet als Ren). Zudem hat er die Harmonie aufrechtzuerhalten bzw. immer wieder herzustellen, indem er für die Ausgeglichenheit zwischen **Yin und Yang** sorgt. Diese beiden Faktoren sah Dong Zhongshu als die beiden grundlegenden Prinzipien des Kosmos an, mit den Bedeutungen Licht, Aktivität, Männlichkeit u. a. (Yang) bzw. Dunkelheit, Passivität, Weiblichkeit u. a. (Yin). Die Tatsache, dass der Herrscher in dieser Weltanschauung den zentralen Mittelpunkt der Gesellschaft bildet und ein Vermittler in höhere Sphären ist, trug viel dazu bei, dass die Han-Kaiser den Konfuzianismus als philosophische Grundlage der Gesellschaft etablierten.

Ein positiver Effekt in der Han-Dynastie war, dass nun keine inkompetenten Menschen mehr in wichtigen Positionen, z. B. als Beamte, eingesetzt wurden, etwa aufgrund der Sippenwirtschaft oder weil sie adeliger Herkunft waren. Vielmehr musste man jetzt dafür das Studium des Konfuzianismus absolviert haben und Fähigkeiten auf seinem Gebiet besitzen. Ein anderer Aspekt ist allerdings, dass der Respekt gegenüber Eltern und Autoritäten, den Konfuzius forderte, als bedingungsloser Gehorsam interpretiert wurde. Kinder wuchsen mit der Lehre auf und kannten schon mit sieben Jahren ganze Passagen aus den Werken auswendig. Sie hatten wenig Freiraum. Junge Erwachsene konnten sich ihren Ehepartner nicht aussuchen, sondern bekamen ihn von den Eltern zugewiesen. Oft hatte eine Frau für ihre Schwiegereltern zu sorgen, solange diese lebten. Wie in den klassischen Werken Konfuzius' beschrieben, legte ein Vater seinen Sohn nach der Geburt auf das Bett, eine Tochter darunter.

TANG-DYNASTIE (618 – 907)

In der Zeit der Tang-Dynastie ernannte der Kaiserhof Gelehrte des Konfuzianismus vermehrt für den Beamten- und Verwaltungsapparat. Dafür mussten die Kandidaten **Prüfungen** absolvieren, in denen sie Kenntnisse von konfuzianischen Texten nachzuweisen hatten.

Zum Ende dieser Ära machte der einflussreiche Dichter **Han Yu (768 – 824)**, der ein großer Anhänger Konfuzius' war, Stimmung gegen die beiden anderen aufstrebenden, als Religionen angesehenen Philosophien Buddhismus und Taoismus und forderte das Verbot aller religiösen Bestrebungen, darunter auch das Christentum, außer dem Konfuzianismus. **Kaiser Wuzong (ca.**

810 – 846), selbst ein Anhänger des Taoismus, ließ die Buddhisten verfolgen und verbannen. Der Konfuzianismus wurde zur herrschenden politischen Philosophie, wobei der Taoismus ebenfalls in der Gesellschaft Bestand hatte.

NEO-KONFUZIANISMUS

Der sog. Neo-Konfuzianismus kam in der **Song-Dynastie** auf **(960 – 1279)**. Die Herrscher nutzten die Auffassungen Konfuzius', um ihre Machtposition zu legitimieren und zu manifestieren. Die Idee des „Mandats des Himmels" verfestigte sich und bildete nun den Mittelpunkt der Staatsphilosophie. Genau dieser Punkt war bei Konfuzius jedoch schwammig geblieben. Er hatte sich nie zu einem klaren Zusammenhang zwischen höheren Mächten und einer Berechtigung zur Herrschaft bekannt, von der Regierende ihre Machtposition ableiten könnten.

Der Kaiserhof etablierte ein **Prüfungssystem für alle Beamten.** Grundlagen dafür waren die neun Bücher des Konfuzianismus, aus denen man die als am wichtigsten befundenen Passagen zusammenstellte und als Maßstab festlegte. Besonders prüfungswürdig fand man u. a. „Die Analekten des Konfuzius" und „Das große Lernen". Allerdings kamen immer noch sehr viele Anwärter für die Staatsbediensteten aus reichen Familien, da sie sich die entsprechende Bildung leisten konnten. In der Ming-Dynastie (1368 – 1644) wurden die Prüfungsbedingungen noch erweitert und verschärft.

Das Aufrechterhalten des **Neo-Konfuzianismus zieht sich durch die Dynastien bis zum Ende der Qing-Dynastie (1644 – 1912) hin,** lediglich unterbrochen von der Yuan-Dynastie (1271 – 1368), in der die Mongolen die Oberhand gewannen.

DAS MENSCHENBILD DES KONFUZIANISMUS

ZWEI CHARAKTERE VON MENSCHEN

Konfuzius lehrte seine Schüler nicht nur das Studieren von Texten, sondern auch Tugendhaftigkeit. In seinen Thesen stellte er gern zwei Typen von Menschen gegenüber. Auf der einen Seite war der sog. **„Junzi"**, der einen edlen Charakter pflegt und moralisch handelt. Auf der anderen Seite sah er den sog. **„Xiaoren",** den er als „gemeinen" im Sinne eines gewöhnlichen Menschen darstellte, der mehr Wert auf materielle Dinge legte. So sagte er beispielsweise: „Der sittliche Mensch liebt seine Seele, der gewöhnliche Mensch liebt sein Eigentum". Jeder Mensch sollte danach streben, ein Junzi zu werden. Dazu braucht er ein gesundes Selbstbewusstsein, ohne egoistisch zu sein, wie das Zitat zeigt: „Der edle Mensch findet Freude in sich selbst, während der Gemeine sich nur freut, wenn er von anderen anerkannt wird." Er sollte auf Würde achten: „Der edle Mensch ist würdevoll, ohne überheblich zu sein; der niedrig Gesinnte ist überheblich, ohne würdevoll zu sein."

KONFUZIUS, MENGZI UND XUNZI IM VERGLEICH

Während Konfuzius allgemein von Menschlichkeit als Prinzip des Handelns sprach, das es anzustreben gilt, entwickelte der

folgende Konfuzianismus, der zur Grundlage der Staatsphilosophie wurde, daraus ein bestimmtes Menschenbild, das dem
Menschen gute (bei Mengzi) oder schlechte (bei Xunzi) Eigenschaften von Geburt an zuschrieb. Mengzi sprach davon, dass
„jedermann ein gutes Herz hat, das mit anderen mitfühlt". Er erläuterte: Wenn jemand sehen würde, wie ein Kind in einen Brunnen fällt, würde er sofort Mitgefühl entwickeln und Hilfe leisten.
Und zwar nicht, weil er sich mit den Eltern gut stellen oder vor
Nachbarn und Freunden mit seiner Tat glänzen wollte oder das
Schreien des Kindes nicht ertragen könnte, sondern aus Empathie. Mengzis Fazit war, dass der Mensch von Natur aus das Leid
anderer Menschen mitfühlt. Erst unglückliche Umstände lassen
ihn diese Fähigkeit verlieren.

Da die Zeit der streitenden Reiche viel Uneinigkeit mit sich
brachte, fragte **König Hui von Liang** eines Tages Mengzi, wie
die Welt denn friedlich werden könnte. Er antwortete „Durch
Vereinigung". Wer denn fähig sein könnte, sie zu einen, fragte
Hui. Da erläuterte Mengzi (sinngemäß): „Jemand, der keinen
Sinn für das Töten hat. Schau Dir die Reistriebe an. Wenn es eine
Dürre gibt, welken sie. Wenn es aber Regenfälle gibt, wachsen
und gedeihen sie wieder. Und wenn das passiert, kann es niemand mehr aufhalten. Wenn es also jemanden gibt, der keinen
Sinn fürs Töten hat, dann wird das Volk den Kopf vor ihm nei-
gen. Die Menschen werden ihm folgen, so wie Wasser dem rei-
ßenden Fluss folgt. Wer könnte das noch stoppen?"

Sowohl Mengzi wie Xunzi waren sich mit Konfuzius in dem Punkt einig, dass der menschliche Charakter in die richtige Richtung gelenkt werden kann, indem man die Menschen in Moral, dem korrekten Sozialverhalten und den traditionellen Werten unterrichtet.

Konfuzius sah leidvolle Erfahrungen im Leben eines Menschen als unvermeidbar an. Doch wer Schlimmes erlebt, kann nach seiner Lehre darin einen Ausgangspunkt dafür finden, sich weiterzuentwickeln. Ein Fehler führt im Idealfall dazu, dass man sich beim nächsten Mal anders verhält und ist in diesem Sinne etwas ganz anderes als eine Sünde. Er kann auf den rechten Weg führen.

Für Mengzi lag die grundlegende Macht, menschliches Verhalten zu beeinflussen, jedoch beim Himmel. Eine Hungersnot sah er beispielsweise als himmlischen Hinweis darauf an, dass ein Machthaber Fehler gemacht hatte, etwa mit zu wenig Reisanbau, falscher Lagerung oder ungerechter Verteilung, und als Aufforderung zur Korrektur. In einer Diskussion mit ihm fragte König Hui, ob ein Vasall so weit gehen dürfte, seinen König zu ermorden. Dabei bezog er sich auf einen ungerechten und willkürlichen Herrscher, den dieses Schicksal tatsächlich ereilt hatte. Mengzi antwortete indirekt (schon, um keine harte Strafe zu riskieren) sinngemäß: „Wenn man die Menschlichkeit raubt, dann ist man ein Räuber, und wenn man die Rechtmäßigkeit raubt, ist man ein Zerstörer. Raubt man beides, ist man ein Verbrecher."

Er fügte hinzu, gehört zu haben, dass ein Verbrecher bestraft worden wäre (der besagte König), doch er habe nicht gehört, dass ein König ermordet worden wäre. Damit brachte er zum Ausdruck, **dass jemand, der sich als König nicht gütig und gerecht verhält, gar nicht König sein kann.** Also kann auch keiner ermordet worden sein, sondern nur ein Verbrecher, und das mit Recht.

So weit wäre Konfuzius nicht gegangen, er hätte sich am geltenden Recht orientiert. Für ihn standen Dialog und Überzeugungsarbeit im Vordergrund. Sicher hätte er als Justizminister den Königsmörder bestraft. Doch eine Übereinstimmung gibt es insofern, als dass beide Gelehrte großes Vertrauen in das moralisch gute Verhalten von Herrschern setzten, die damit eine große Verantwortung dafür hatten, dass der Zusammenhalt der Gesellschaft funktionierte. Sie hatten für eine gerechte Gesetzgebung und vernünftige Politik zu sorgen und eine tugendhafte Lebensführung an den Tag zu legen, die als beispielhaft gelten konnte. Nach dieser Auffassung gab es nicht so etwas wie „das Böse", sondern nur die **Abwesenheit von guten Taten.** Wenn jemand sich falsch verhielt, dann ignorierte er die Normen, nach denen er seine Handlungen rechtschaffen und sozial verträglich zu gestalten hatte.

SPIRITUELLE ASPEKTE

Konfuzius leugnete nicht, dass es jenseits der menschlichen Realität eine spirituelle Welt gab. Doch er sah es nicht als wichtig an, sich darum zu kümmern. Vielmehr ging er davon aus, dass Menschen ganz automatisch mit ihr in Verbindung kämen, wenn sie sich mit kultivierten Aktivitäten beschäftigten, vor allem Literatur und Musik. Lesen und Schreiben waren für ihn die Basis, und wenn seine Schüler es nicht konnten, brachte er es ihnen bei. Doch auch das bloße Zuhören erschloss für ihn die Verbindung zu höheren Mächten und trug zur Entwicklung von Tugendhaftigkeit und damit zum Schaffen einer besseren Welt bei.

Zu seinen Lebzeiten gab es den Glauben an eine Gottheit, die man **Shangdi** nannte. Viele Könige gaben eine Verbindung zu ihr an und postulierten sich selbst als Nachfolger und damit ebenfalls als Gott. Konfuzius machte Gottheiten nicht zum Gegenstand seiner Lehre. Es gibt eine Äußerung von ihm, in der er rät, so zu leben, als ob es Götter gäbe, wenngleich man nicht genau wüsste, ob das der Fall sei. Die höheren Mächte in Gestalt des Tian (Himmels), die für Konfuzius das Universum bestimmten, hielt er für ausgerichtet auf Gutes, das die Menschen mit ihren Handlungen aber aktiv ins Leben rufen mussten. Deshalb gab es für ihn nicht von Haus aus das Böse, sondern **das Nichtausführen guter Taten**.

Ein Schüler fasste Konfuzius' Lehre einmal so zusammen, dass man andere respektieren und sein eigenes Verhalten ständig reflektieren soll. Die Selbstüberprüfung ist deshalb so wichtig, weil man sich in jeder Situation angemessen verhalten soll. Man soll die althergebrachten Rituale praktizieren, sein Wissen stets erweitern, Weisheit anstreben und zuverlässig sein. Was man für sich selbst nicht will, soll man auch keinem anderen antun.

DAI ZHEN (1724 - 1777)

Der **Gelehrte Dai Zhen** intensivierte einige Jahrhunderte später den Aspekt, indem er dazu anregte, sich in den anderen Menschen hineinzuversetzen. Damit ein einzelner Mensch sich gut entwickeln kann, muss man wissen, was für alle Menschen wichtig ist. Das glaubt er dadurch in Erfahrung zu bringen, dass jeder versucht, die Sehnsüchte und Wünsche des Mitmenschen herauszufinden, also **Mitgefühl** zu entwickeln. Heute spricht man in diesem Zusammenhang von Empathie und emotionaler Intelligenz. Er sagte (sinngemäß): „Wenn man wirklich in sich geht und gleichzeitig über die tiefen Gefühle der Menschen reflektiert, die schwach, ängstlich, krank oder eingeschränkt sind oder auch über die Älteren und Jüngeren und die Einsamen, kann man dann wirklich sagen, dass sie ganz andere Gefühle haben als man selbst?"

PRINZIP DES RESPEKTS

Das Prinzip des Respekts gilt für Konfuzius nicht nur zwischen Menschen auf gleicher Ebene, sondern auch für die privaten und beruflichen Begegnungen zwischen den Schichten. Insofern ist der Konfuzianismus eine Anleitung nicht nur für privates, sondern auch für soziales und politisches Handeln. Ob jemand unter- oder übergeordnet ist, spielt für den Anspruch, respektvoll behandelt zu werden, keine Rolle. Daraus ergibt sich, dass eine Machtposition nicht ausgenutzt werden darf. Der abhängige Part soll zwar dem dominierenden Part gehorsam sein, doch der dominierende soll immer verantwortungsvoll handeln. Jeder, der sich korrekt verhält, hat ein edles Gemüt. Das gilt für einen Untergebenen, der seine Rolle annimmt und seinen Herrn akzeptiert, denn das erzeugt gesellschaftliche Harmonie. Wer dem Höherstehenden seine Vorteile neidet, fällt aus seiner Rolle heraus und zerstört Harmonie. So ist das Zitat gemeint: „Der Edle strebt nach Harmonie, nicht nach Gleichheit. Der Gemeine strebt nach Gleichheit, nicht nach Harmonie." Dasselbe Prinzip gilt auch für den Herrschenden, der immer moralisch integer handeln soll, damit seine Untertanen ihm folgen können, wie dieses Zitat zeigt: „Der Fürst, der sein Land regiert mit Tugend, gleicht dem Polarstern. Selbst ruhend, wird er von allen Sternen umkreist."

Die entscheidenden Beziehungen sieht Konfuzius in den Abhängigkeitsverhältnissen von Herrscher zu Beherrschten, Vater zu Sohn, Ehemann zu Ehefrau und älterem Bruder zu jüngerem. Die einzig gleichwertige Beziehung auf Augenhöhe sieht er zwischen Freund und Freund. Konfuzius macht keinen Unterschied zwischen Körper und Geist, der in der westlichen Philosophie stark betont wird. Er denkt den Menschen als Einheit, bei dem seine innere Einstellung und seine Taten nicht zu trennen sind.

Konfuzius ging davon aus, dass ein Mensch den Zustand nach dem Tod gar nicht erfassen kann. Man sollte sich an soziale Regeln halten, weil es dem Zusammenhalt der Gesellschaft dient, aber nicht, weil man sich damit einen Verdienst im Jenseits erarbeitet. Allerdings spielt die jenseitige Welt insofern eine Rolle, als dass nicht nur die lebenden älteren Verwandten, sondern auch die toten Vorfahren zu respektieren und zu ehren sind. Indem man sich korrekt verhält, gibt man noch den Ahnen, was ihnen gebührt.

AHNENVEREHRUNG

KINDESPIETÄT

Konfuzius war ein Anhänger vom Einhalten vorgegebener Rituale. Hier spielt vor allem die Ahnenverehrung eine große Rolle. Sie nimmt in der Geschichte Chinas ohnehin einen immensen Part ein und kann bis weit ins zweite Jahrtausend v. Chr. zurückverfolgt werden. Konfuzius rückte bereits vorhandene Vorstellungen wieder stärker ins Bewusstsein und rief dazu auf, sie konsequenter zu praktizieren. Die Verehrung der Vorfahren bezieht das Befolgen der Regeln ein, die Eltern ihren Kindern geben, und hilft den Kindern, **gehorsam** zu sein. Denn sie sollen nicht nur den Lebenden, sondern auch den vergangenen Generationen gerecht werden. Das ist mit „Kindespietät" gemeint. Der Gehorsam von Kindern legt die Grundlagen für ein harmonisches Zusammenspiel in der Gesellschaft. Den wichtigen Zusammenhang spricht Konfuzius so aus (sinngemäß): „Beobachte, wie jemand sich verhält, während sein Vater lebt, und dann beobachte, wie er sich verhält, wenn sein Vater tot ist. Wenn er drei Jahre lang den Pfaden seines Vaters folgt, kann man ihn einen guten Sohn nennen". Weisheiten sollen von Generation zu Generation weitergegeben werden. Dabei soll jeder an seinem Platz seine Pflicht erfüllen, denn „Der Herrscher muss ein Herrscher sein, der Minister ein Minister, der Vater ein Vater und der Sohn ein Sohn". Es ist unklar, ob die klassische konfuzianische Ahnenverehrung beinhaltete, dass die toten Verwandten einen übernatürlichen Einfluss auf ihre lebende Verwandtschaft haben. Eine spirituelle Verbundenheit wird jedoch grundsätzlich angenommen.

HAN-DYNASTIE

In der **Han-Dynastie** intensivierte man die Ahnenverehrung. Jetzt bezog man die **Theorie von Yin und Yang** ein und ging davon aus, dass Menschen zwei spirituelle Elemente in sich vereinen. Vom männlichen Yang-Element als Repräsentant für Licht und Intellekt nahm man an, dass es nach dem Tod aufsteigen und zu einem Ahnen wurde, während das weibliche Yin-Element als Repräsentant für Dunkelheit und Sinnlichkeit mit dem Körper hinab ins Grab stiege und zu einem Geist wurde. Bei Beerdigungen achtete man streng darauf, dass spezielle Riten eingehalten wurden, damit beide Elemente getrennt voneinander ihren richtigen Platz einnehmen konnten. Ansonsten drohte der weibliche Geist, die lebenden Verwandten zu verfolgen und Unglück über sie zu bringen. Es entwickelte sich im Laufe der Zeit eine Tendenz, die Ahnen als Götter zu verehren. Dagegen kämpften die Konfuzianer immer wieder an, ohne jedoch die Ahnenverehrung jemals ernsthaft infrage zu stellen.

Die Ahnenverehrung hatte sogar im **Alltag** einen privilegierten Platz. In jedem Haushalt gab es einen **Altar** oder sogar einen kleinen Tempel, der mit einer Ahnentafel versehen war. Wenn keiner mehr die aufgeführten Personen kannte, archivierte man ihre Namen an anderer Stelle weiter. Die neueren Ahnen rückten dann nach. Man spendete den Toten verschiedenen Opfergaben. Besonders beliebt war Weihrauch, doch man offerierte auch Reis, der einen hohen Stellenwert als Grundnahrungsmittel hatte. Konfuzius war während seiner Wanderschaft immer wieder darauf angewiesen, mit Lebensmitteln versorgt zu werden. Es gibt einen Bericht, laut dem er einmal mit einem Schüler unterwegs war und beide unter Hunger litten. Sie kamen in Besitz von etwas Reis, den sie am Straßenrand fanden und kochten. Der Schüler aß ihn schon, obwohl er noch nicht gar war. Daraufhin sagte Konfuzius, sein Vater sei ihm im Traum erschienen, der Reis müsse ihm geopfert werden. Der Schüler erwiderte, der Reis sei verunreinigt und könne deshalb nicht als Opfer dienen, was Konfuzius schließlich akzeptierte. So wurden beide satt.

SONG-DYNASTIE

Ein wegweisender Vertreter des Neo-Konfuzianismus in dieser Zeit war **Cheng Yi (1033 – 1107)**, der die Ahnenforschung vorantrieb und dafür sorgte, dass Ahnen-Tempel für alle Bevölkerungsschichten gebaut wurden. Er brachte in den Konfuzianismus ein transzendentales Prinzip ein. Das ist ein Prinzip aus einem Bereich, der sich menschlicher Erfahrung in jeder Hinsicht entzieht und jenseits der Wahrnehmung liegt, also auch außerhalb von Raum und Zeit. Er unterschied dieses Prinzip, das hinter der menschlichen Natur, den Dingen und auch den Normen liegt, die alles steuern, vom menschlichen Geist, der die konkreten Dinge in der Welt erfasst. Aus den Dingen, die der Mensch wahrnehmen kann, ist wiederum auf die Existenz eines transzendentalen Prinzips zu schließen. Cheng Yi zog daraus die Konsequenz, dass man moralisch korrekte Verhaltensweisen am besten praktiziert, indem man immer gelassener reagiert und sich immer mehr Wissen aneignet. Man soll eine gute mentale Einstellung wie auch Lernwillen stets bewusst anstreben und entwickeln.

Die Verehrung der Vorfahren verstärkte sich noch einmal nach der Song-Dynastie. War sie ab Konfuzius' Zeiten bis in die Song-Dynastie hinein vorwiegend in der Adelsschicht verbreitet, so dehnte sie sich später in der gesamten Bevölkerung aus. Dass man Tempel nur für die Ahnen baute, wurde selbstverständlich. Im Laufe der Zeit wurden auch öffentliche Tempelstätten errichtet, die der Ahnenverehrung dienten.

TÄGLICHES LEBEN IM SINNE DES KONFUZIANISMUS

TÄGLICHES LEBEN

Der Konfuzianismus gibt für das alltägliche Leben Richtlinien vor. Man soll immer danach streben, so tugendhaft wie möglich zu leben und seine Moral zu vervollkommnen, sodass man zu einer Person wird, die nicht idealer sein könnte. Das betrifft die Akzeptanz der Rolle in der Familie wie in der Gesellschaft bis hin zum Staatswesen. Man soll sie bestmöglich ausfüllen und keine andere anstreben, niemanden beneiden, der höher steht, und niemanden verachten, der niedriger steht.

Meditieren oder Beten an Grabstätten der Verstorbenen gehört zum praktizierten Konfuzianismus. Daneben gilt seit über zweitausend Jahren das **I Ging, Buch der Wandlungen**, als Grundlage der Erkenntnisgewinnung. Man kann es täglich befragen, um für den Tag gewappnet zu sein, aber auch in jeder erdenklichen Lebenslage. Es sagt die Zukunft voraus und macht Aussagen dazu, wie die gegenwärtige Situation zu verstehen ist. Daraus werden Handlungsmöglichkeiten erschlossen.

DAS I GING

Das **I Ging** besteht aus 64 Hexagrammen, die sich aus durchgezogenen oder unterbrochenen Linien (sechs Stück untereinander) zusammensetzen. Die durchgezogenen Linien repräsentieren das männliche Prinzip Yang (z. B. für Leben, nicht-gerade Zahlen, Berg u. a.), die unterbrochenen das weibliche Prinzip Xin (z. B. für den Tod, gerade Zahlen, Wasser u. a.).

Bei der Deutung können zusätzliche Hinweise eine Rolle spielen, wenn es sich um „wandelnde" und nicht um „nicht-wandelnde Zeichen" handelt. Jedes Hexagramm hat eine grundlegende Bedeutung, z. B. Fortschritt, Zersplitterung und Stillhalten. Unterliegen diese Begriffe bereits verschiedenen Interpretationsmöglichkeiten, so können zu jedem Hexagramm noch 6 Zusatzhinweise kommen, die wiederum dazu führen, dass eine Linie in dem gewählten Hexagramm sich ändert und dadurch ein anderes hinzukommt. Insgesamt ergeben sich über 4.000 Interpretationsmöglichkeiten, die Situationen oder Aufgaben darstellen sollen. Naturgemäß bleiben diese Aussagen eher vage und können vielfältig ausgelegt werden. Daher findet man auf die meisten Fragen, die man dem I Ging-Orakel stellt, eine passende Antwort. In der heutigen Zeit ist zu bedenken, dass die Bedeutung von Begriffen wie „Sippe" oder „heiratendes Mädchen" grundlegend anders zu bewerten ist, da aufgrund der gesellschaftlichen Entwicklung andere Maßstäbe und Bezugspunkte gelten.

Ein Beispiel aus früheren Zeiten: Aus den Linien eines Hexagramms erschloss man die Bedeutungen „Das heiratende Mädchen als Nebenfrau. Ein Lahmer, der auftreten kann. Handlungen führen zu Harmonie". Hieraus konnten, dem I Ging folgend, beispielsweise diese beiden Deutungen erfolgen:

1. Die **Nebenfrauen des Fürsten** sollen sich der Hauptfrau, also der Ehefrau des Fürsten, bescheiden unterordnen. Sie sollen mit Einverständnis der Ehefrau in den Haushalt eintreten und der Hauptfrau nicht gleichstehen. Wenn sie sich in dieser Weise korrekt verhalten, werden sie mit ihrer Stellung zufrieden (und nicht lahm) sein und Geborgenheit erfahren, auch in der Liebesbeziehung zum Fürsten, dem sie Kinder gebären.

2. Ein **Beamter**, der zu seinem Fürsten eine besondere persönliche Beziehung pflegen darf und ihn für ein Ministeramt berät, das er jedoch nicht selbst innehat, muss hinter dem offiziellen Beamten, der das Ministeramt innehat, bescheiden zurücktreten. Obwohl er seine Stellung nicht innehat (und dadurch lahm ist), kann er doch viel zum Wohl des Fürstentums beitragen, denn er zeigt ein gütiges Wesen.

Oft läuft eine Deutung darauf hinaus, die gegebene Situation zu akzeptieren. Ein Ausspruch, der Konfuzius zugeschrieben wird, lautet: „Unrecht ertragen ist leicht – es sei denn, du denkst stets daran." Doch Konfuzius hielt es immer für möglich, dass ein guter (edler) Charakter seine Chance bekommen kann: „Der Edle leitet mit seiner Vernunft seine Sinnlichkeit und sieht den wahren Mut in der unerschütterlichen Ausübung der Pflicht. Der Gemeine lenkt mit seiner Sinnlichkeit seine Vernunft und sieht in Rücksichtslosigkeit den wahren Mut. Darum heißt es: Wer nicht murrt, wenn er zurückgesetzt ist, dem mag man folgen, wenn er hochkommt."

WICHTIGE PERSÖNLICHKEITEN

ZHOU DUNYI (1017 – 1073)

Der **Neokonfuzionist Zhou Dunyi** griff die Idee des sozialen Friedens, der durch eigenen inneren Frieden erzeugt werden kann, auf und entwickelte ihn weiter. Er erkannte die Prinzipien von Yin und Yang an, doch er setzte bei Menschen stärker auf Stille und Abstinenz von Begierden sowie auf Gelassenheit und Mitgefühl als auf sehr starke Aktivität. Für ihn war außerdem wichtig, dass es eine kosmische Dimension gibt, die sowohl in den Phänomenen der Welt liegt als auch außerhalb von ihnen. Der Mensch ist dabei die größte Kreation des Kosmos und der Moral verpflichtet, auch in der Politik. Er vertrat z. B. folgenden Standpunkt: „In sich selbst zu ruhen heißt, keine Begierden zu haben. Ohne Begierden ist man innerlich leer, wenn man passiv ist, aber konzentriert, wenn man einer Aktivität nachgeht. Innere Leere führt zu Klarheit und Klarheit zur Übersicht. Wenn man sich einer Aktivität konzentriert widmet, wird man gerecht und entwickelt ein allumfassendes Bewusstsein. Wenn man klar ist und die Übersicht hat wie auch gerecht ist und ein allumfassendes Bewusstsein hat, so wird man schon fast zu einem Weisen." Er proklamierte, dass Menschen und Kosmos den gleichen Normen folgen, und ging so weit zu sagen, dass Mikrokosmos und Makrokosmos perfekt übereinstimmen. Auch er ging davon aus, dass das Leben letztlich im Himmel verwurzelt ist. In seiner Weiterentwicklung des Konfuzianismus forderte er, dass ein Herrscher mit Weisheit für Harmonie zwischen Kosmos und menschlicher Gesellschaft zu sorgen hat.

Wie stark die **fernöstliche Philosophie sich in ihrer Denkweise von der westlichen unterscheidet**, kann man am Beispiel Zhou Dunyis sehen. Er beschrieb verschiedene Pflanzen mit ihrer speziellen Aura, vordergründig, um seine Liebe zu Pflanzen zu demonstrieren, hintergründig, um Menschen zu beschreiben. Die Lotosblume sieht er als Paradebeispiel für kosmische und allumfassende Harmonie, die jeder anstreben sollte. Sie ist für ihn ein „Gentleman" mit edlem Charakter und damit ein Ideal, das man sich zum Vorbild nehmen soll. Die Chrysantheme sieht er als botanischen „Einsiedler" an und die Pfingstrose als „wohlhabend, prahlerisch, herausgeputzt und anziehend für Massen". So beschreibt er indirekt jemanden, der sich bei mächtigen Personen gut zum Vertrauten machen bzw. einschmeicheln kann.

Grundsätzlich ging Zhou davon aus, dass jeder in seinem Leben weise werden kann. In seinen Vorstellungen gab es einige Überschneidungen mit dem Buddhismus (z. B. bezüglich des Begriffs der Leere) und dem Taoismus (z. B. bezüglich der Weisheit des Menschen). Seine Ideen hatten auf die chinesische Philosophie für fast tausend Jahre großen Einfluss. Zudem verbreiteten sie sich in den nächsten Jahrhunderten über ganz Ostasien.

ZHU XI (1130 – 1200)

Ein einflussreicher Philosoph des Neo-Konfuzianismus war **Zhu Xi.** Er betonte eine konsequente tugendhafte Haltung und die gewissenhafte Anwendung der Lehre von Konfuzius und Mengzi. Sowohl vom Buddhismus wie vom Taoismus setzte er sich klar ab. Er ging davon aus, dass nur derjenige, der zuverlässig und glaubwürdig ist, seine menschliche Natur voll entfalten kann. Wenn er das aber kann, so kann er auch helfen, die Natur anderer Menschen voll zu entfalten. Wenn er das wiederum tut, so kann er die Mächte von Himmel und Erde nähren und sich sogar mit ihnen verbinden. Er ging davon aus, dass Menschen ihre Unvollkommenheit durch Studien beseitigen können, vor allem der Ethik und Philosophie. In dem Maße, wie ein Mensch sich selbst (bzw. den Kosmos) schließlich versteht, versteht er dann auch den Kosmos (bzw. sich selbst). Den Zugang zur Entwicklung eines guten Charakters, um die eigene volle Menschlichkeit zu entfalten, sah er auch in der Anwendung des I Ging, dessen Erkenntnissen man sich in Meditation und nicht nur im reinen Lesen zuwenden soll. Er befürwortete vor allem das darin enthaltene Prinzip der Gegensätze von Yin und Yang. Zhu Xi schuf die sog. **„Vier Bücher",** indem er die beiden Schriften „Das große Lernen" und „Maß und Mitte" sowie Gespräche mit Konfuzius und ein Buch von Mengzi in eigener Regie zu vier Werken zusammenfasste. Sie dienten bis weit ins zwanzigste Jahrhundert als Grundlage für die Beamtenprüfung in China.

Das I Ging ist weltweit das am zweitmeiste gelesene Buch, nach der Bibel. Auch heute noch nutzen viele Menschen es, vor allem in Ostasien, um darin einen Grund und eine Lösung für unangenehme bis chaotische Situationen zu finden.

WANG SHOUREN (1472 - 1529)

Politiker, Feldherr und Gelehrter in einer anerkannten Schule des Neo-Konfuzianismus war **Wang Shouren**. Er verkörperte und praktizierte den Konfuzianismus seiner Zeit also auf allen Ebenen. Dabei bezog er sich verstärkt auf Mengzi. Er ging ebenfalls davon aus, dass der Mensch das Gute von Natur aus in sich trägt und auch weiß, wie er sich moralisch korrekt zu verhalten hat. Damit die guten Kräfte wirken können, muss er sozial verantwortungsvoll handeln. Wissen und Tun gehörten für ihn untrennbar zusammen. Für Wang Shouren bedeutete das auch, gegen unverantwortliches Handeln vorzugehen. So bekämpfte er verschiedene kriminelle Handlungen, womit er sich einige Jahre im Exil als Strafe einhandelte. Er verhinderte Rebellionen, sorgte für die Wiedereingliederung politisch Andersdenkender, legte Korruptionen offen und baute Schulen. Ein besonderes Ereignis prägte seine Einstellung.

Kurz nach der Jahrtausendwende zum 16. Jahrhundert brachte ein einflussreicher, aber korrupter Eunuch mehrere loyale Beamte ins Gefängnis. Wang hatte ebenfalls einen Beamtenposten inne und schrieb eine Protestnote an den Kaiser, in der er die Untaten erläuterte. Der Eunuch rächte sich, indem er ihm öffentlich Schläge versetzen ließ und ihn zudem noch in eine abgelegene, wenig zivilisierte Gegend versetzte.

Hier hatte Wang eine schwere Zeit, die ihn jedoch zu seiner klaren, konsequenten konfuzianischen Überzeugung brachte. Über sein **„Erwachen"** schrieb er später ein Gedicht für seine zahlreichen Schüler, das (sinngemäß) lautet: „Jeder hat einen unfehlbaren Kompass in seinem Inneren. Die Wurzel und die Quelle für die vielen Transformationen des Menschen liegen in seinem Verstand. Ich muss lachen, wenn ich daran denke, dass ich diese Dinge früher anders gesehen habe. Nach Ästen und Blättern (gemeint: die moralische Wahrheit) suchte ich im Äußeren (gemeint: statt in sich selbst)." Auf Wang trifft ein Ausspruch zu, den man dem Konfuzianismus zuschreibt, der aber höchstwahrscheinlich nicht von Konfuzius selbst stammt: „Man darf seinen Fürsten zwar nicht täuschen, doch offen widersetzen darf man sich ihm."

Einige Jahre nach der Versetzung Wangs wurde der Eunuch selbst wegen seiner Verfehlungen hingerichtet. Wang kehrte zurück und bekleidete fortan hochrangige Positionen, sowohl in der Regierung wie beim Militär.

EINSTELLUNG KONFUZIUS' GEGENÜBER AUTORITÄTEN

Die konfuzianische Philosophie kennt **kein Priestertum**, weshalb es nie Priester in den Tempeln gab. Vielmehr wurden sie oft als Stätte des Lehrens und Lernens genutzt. Alle, die die Lehre (nach gründlichem Studium) verbreiteten, waren **Lehrer oder Gelehrte**. Durch viele Zeiten hindurch gab es sie als offizielle Berater, von führenden Persönlichkeiten in kleinen Ortschaften bis hin zur Regierung, abgesehen von der Lehre in Schulen und Universitäten.

Konfuzius äußerte zum Thema führende Autoritäten, dass die frühen Könige eine perfekte Tugendhaftigkeit gepflegt und ihre Herrschaft gütig und wohlwollend für alle Untertanen ausgeübt hätten. So konnten die Menschen in Frieden und Harmonie leben, denn es gab keine Feindschaft zwischen über- und untergeordneten Menschen. Als Grundlage für so eine perfekte Gesellschaft sah er die „Kindespietät", also den Gehorsam des Kindes gegenüber den Eltern, die im Gegenzug gut für das Wohl des Kindes zu sorgen haben. Dass ein Kind den Eltern gehorcht, befähigt es später, auch dem Herrscher zu folgen. Gleichzeitig soll es seinen Charakter immer weiter durch Lernen und Befolgen der Riten und Sitten entwickeln, vor allem durch Verehrung der Ahnen, wodurch Tugendhaftigkeit gefördert wird. Wer sich privat korrekt verhält, verhält sich automatisch auch sozial und politisch korrekt und umgekehrt.

Diese Haltung forderte ein hohes Maß an Disziplin und moralischer Gesinnung von allen Führungsfiguren, vom Vater bis zum Herrscher. Wer Macht hatte, sollte als Vorbild dienen und sein Charisma zur Aufrechterhaltung der Riten nutzen. Das würde dazu führen, dass die Untergebenen sich richtig verhielten, denn bei falschem Verhalten würden sie Scham entwickeln (was nicht erträglich für sie wäre, da Schämen mit Gesichtsverlust einhergeht, der in der fernöstlichen Mentalität ausgrenzend wirkt). Diese Grundhaltung im Konfuzianismus sieht den **Staat letztlich als große Familie.** Diese Einstellung betonten viele Herrscher, um ihre Machtstellung zu legitimieren und zu untermauern, wenngleich sie nicht die moralischen Anforderungen erfüllten. Noch in der **Meiji-Periode Japans (1868 – 1912)** vertrat die Regierung diese Einstellung, die den Staat als Familie darstellte, in der ein fürsorglicher Vater für seine Untertanen-Kinder das Beste tut und die Untertanen ihm dafür Vertrauen und Gehorsam entgegenbringen.

Konfuzius war fest davon überzeugt, dass ein vorbildliches Verhalten des Machthabers sich positiv auf die Untertanen auswirkt, die sich dann ebenfalls sozial verträglich und dem Gemeinwesen dienend benehmen. Er legte besonderen Wert darauf, seine Schüler Rituale, Geschichte und Poesie zu lehren. Dabei sollten sie bei allem, was sie taten, so aufmerksam bleiben, als wären sie tief in Gedanken versunken. Sie sollten ruhig und innerlich gelassen, aber nicht gleichgültig, sein und anderen

Menschen gegenüber immer Respekt zeigen. Das würde für alle eine friedvolle Atmosphäre erzeugen.

Bei dem Vollzug von Ritualen legte er Wert darauf, dass die Menschen nicht dazu gezwungen wurden, sondern durch gute Erziehung alles freiwillig und gern taten. Sinngemäß sagte er dazu: „Führe die Menschen mit Gesetzen und verbinde sie miteinander durch Strafen, dann werden sie versuchen, die Regeln zu umgehen und keinen Sinn für Sittlichkeit entwickeln. Führe sie mit moralischem Charisma und verbinde sie miteinander mittels Ritualen, dann werden sie Sinn für Sittlichkeit entwickeln und von sich heraus gute Menschen werden." Als Rituale versteht er nicht das Vollziehen von Zeremonien, sondern **bewusste soziale Interaktionen**. Grüßen und Abschiednehmen sollen z. B. in dieser Form respektvoll erfolgen, ebenso Bitten und Danken. Auch die Rituale bei Geburten und Todesfällen sollen nicht gedankenlos abgearbeitet, sondern ehrfürchtig durchgeführt werden.

SYMBOLE DES KONFUZIANISMUS

Es gibt kaum Symbole, die den Konfuzianismus repräsentieren. Konfuzius selbst wird in Gemälden und Skulpturen gern in der Kleidung eines Lehrers dargestellt, und zwar als älterer Mann, oft begleitet von Schülern. Sehr selten findet man Darstellungen von ihm mit seiner Ehefrau. Dagegen wird seine Begegnung mit Laotse oft künstlerisch festgehalten.

Manchmal gibt es Motive aus den sechs klassischen Künsten seiner Zeit auf Kunstwerken. Das waren das **Praktizieren von Riten, Musik, Bogenschießen, Wagenfahren, (Schön-)Schreiben und Mathematik**. Das schöne Schreiben war wichtig, weil man davon ausging, dass sich in der Schrift das innere Wesen eines Menschen ausdrückt und so seine Natur zeigt. Im Laufe der Zeit errichtete man Tempel nicht nur für die Verehrung der Ahnen, sondern eigens für **die Verehrung von Konfuzius**. Im Jahr 1910 gab es ca. 1.500 Konfuzius-Tempel allein in China und viele weitere in Ostasien. Im Laufe der Jahrhunderte wurden konfuzianische Tempel in großer Zahl in Südkorea errichtet. Viele gibt es heute noch in Japan und Vietnam sowie einige in Indonesien und Malaysia.

Oft wird das schwarz-weiße Yin-Yang-Symbol als konfuzianisch angesehen, obwohl es enger an den Taoismus gebunden ist. Mittlerweile steht es häufig sogar für fernöstliche Philosophie in der Gesamtheit.

ENTWICKLUNG DES KONFUZIANISMUS IM 20. JAHRHUNDERT

Der Kern des Konfuzianismus, die Ahnenverehrung, hielt sich in Ostasien bis ins 20. Jahrhundert und wird auch heute noch praktiziert. In **Vietnam, Nordkorea und China** dagegen war die Lehre vom kommunistischen System nicht gern gesehen.

In China gab es eine große Wende am Anfang des 20. Jahrhunderts. In den ersten beiden Jahrzehnten wandte man sich von den Traditionen ab, worunter auch die Lehre Konfuzius' fiel. Das kam u. a. daher, dass westliche Werte aufgrund der wirtschaftlichen Entwicklung Einzug hielten. Es kam zu erheblichen Aufständen, in deren Folge viele Anhänger des Konfuzianismus auswanderten.

Der chinesische Staatsmann **Mao Tsetung (1893 – 1976)** rief 1949 die Volksrepublik China aus und etablierte den Kommunismus. Er sagte dem Konfuzianismus den Kampf an und setzte dem traditionellen Denken systematisch einen ausgeprägten Kult um seine eigene Person entgegen. Die traditionelle Bestattung, ein großer Ritus in der Ahnenverehrung, wurde geächtet, man sollte die Toten nun verbrennen. Friedhöfe mit alten Ahnen wurden für landwirtschaftliche Zwecke umfunktioniert. Mao ging so weit, Hausaltäre verbrennen zu lassen. Nach seinem Tod bezeichnete man die Ahnenverehrung als eine Art von Aberglauben. Die Regierung setzte nun auf langsame Überzeugung, um die Überreste noch zu überwinden, und ließ sogar einige alte konfuzianische Tempel restaurieren (allerdings auch für touristische Zwecke). Die Ahnenverehrung wurde nie ausgerottet, trotz vieler Bemühungen der kommunistischen Regierungen gibt es sie heute noch.

Der Konfuzianismus hatte großen Einfluss auf die Entwicklung in ostasiatischen Ländern. Ein Beispiel dafür, wie die respektvolle Haltung, die Konfuzius von allen forderte, heute noch Bedeutung hat, ist die **höfliche Kommunikation in Japan.** Der westlichen Mentalität völlig entgegengesetzt, die eine klare und unmissverständliche Ausdrucksweise favorisiert, drückt man sich in Japan eher zurückhaltend und indirekt aus. Was im Westen oft nicht verstanden wird, ist, dass dieser Sprachgebrauch, der Anspielungen einer unverblümten Ausdrucksweise vorzieht, sich um Neutralität bemüht und daher Konfrontationen gut vermeiden kann, denn man muss keine eindeutige Position verteidigen oder zurückziehen. Er ist also seinem Wesen nach friedvoller.

Frieden und Harmonie im Kleinen wie im Großen war letztlich das Anliegen Konfuzius': „Wenn die Familie in Ordnung ist, wird der Staat in Ordnung sein; wenn der Staat in Ordnung ist, wird die große Gemeinschaft der Menschen in Frieden leben."

DAS FRAUENBILD IM KONFUZIANISMUS

Wenn Konfuzius von den fünf wichtigen Beziehungen redet, so kommt nur einmal die Frau darin vor, nämlich als **Ehefrau**. Wenn in späteren Zeiten die Beziehungen umgedeutet wurden von „Vater zu Sohn" auf „Eltern zu Kindern" und von „älterem Bruder zu jüngerem Bruder" auf „älteres Geschwister zu jüngerem Geschwister", so fand hier eine **Anpassung der Wortwahl** aufgrund der veränderten Geschlechterrollen statt. Im Original ging es um die männlichen Mitglieder der Familie, weil die weiblichen keine Rolle spielten. Die Frau war niemand, der autonom handeln konnte, sondern war **immer einem Mann untergeordnet**. In der Familie war das der Vater, später der Ehemann und für eine Witwe, die erwachsene Söhne hatte, in der Regel der älteste.

Für Konfuzius galt die Lehre des Respekts vor **allem für die ungleichen Beziehungen**, denn so wollte er die soziale Ordnung aufrechterhalten bzw. in der Zeit der großen Unruhe, in der er lebte, wiederherstellen. Gleichrangigkeit sah er nur zwischen zwei männlichen Freunden. Im „Buch der Lieder" findet man den Ausspruch: „Wer nicht gelehrt und nicht ausgebildet werden kann, sind Frauen und Eunuchen". Konfuzius werden auch die (sinngemäßen) Aussprüche zugeschrieben „Die Frau, die kein Talent vorzuweisen hat, hat damit ihren Verdienst" und „Man sollte mit Frauen nicht allzu vertraut werden". Auch Mengzi vertrat diese Haltung. Er sah es als einen äußerst respektlosen Akt an, wenn eine Frau keinen Sohn zur Welt brachte.

Männer hatten mehrere Frauen und auch Konkubinen, auch während der Dynastien, in denen offiziell die Einehe galt. Je höher die gesellschaftliche Stellung war, desto mehr Beziehungen zu Frauen konnten sich die Männer leisten. In Herrscherhäusern war es üblich, dass Konkubinen Kinder vom Machthaber zu Welt brachten, was die Chancen auf dringend erwünschte männliche Nachkommen erhöhte. **Abtreibung** war nicht erwünscht, wurde aber im Falle der gesundheitlichen Gefährdung einer werdenden Mutter nicht verurteilt. Homosexualität war im Übrigen ebenfalls nicht erwünscht, wurde aber auch nicht verdammt oder als eine Art Sünde angesehen.

Frauen war es nicht erlaubt, außer ihren Ehemännern und männlichen Verwandten andere Männer zu sehen. Ausnahmen waren Lehrer oder Männer, die ihnen Anweisungen zu geben hatten. Im Kaiserhof zählten die Eunuchen zu den Ausnahmen. Doch bis in die unterste Schicht waren die Frauen den Männern grundsätzlich unterstellt. Die Rolle, die honoriert wurde, war die der **Ehefrau und Schwiegertochter**. Die Lehre des Konfuzius stützte diese Einordnung. Für Frauen galten Anweisungen aus dem „Buch der Riten" wie: „Keine Schwiegertochter hat zu ihrem Elternhaus zu gehen, wenn sie von ihren Schwiegereltern nicht angewiesen wurde, das zu tun. Was immer sie tun möchte, sie hat zuerst ihre Schwiegereltern zu fragen." Weiterhin: „Frauen müssen geführt werden und haben anderen zu folgen." In einem konfuzianischen Lehrbuch mit Anleitungen für Ehefrauen heißt es: „Auch wenn du im selben Bett wie dein Mann schläfst und die Bettdecke mit ihm teilst, musst du ihn so behandeln, als wäre er dein Vater oder dein Herrscher."

Oft hatten Frauen in zwei bis drei Jahrhunderten vor sowie nach Christus in der Realität mehr Einfluss, als ihnen durch solche Vorstellungen zugestanden wurde. Doch im Laufe der folgenden Jahrhunderte verschlechterte sich ihre soziale Stellung immer weiter. Die Tatsache, dass der Konfuzianismus den Frauen eine untergeordnete Rolle zuschrieb, in der sie ihren Ehemännern bedingungslos zu dienen hatten und in der Öffentlichkeit praktisch keine Rolle spielten, trug im 20. Jahrhundert zur Ablehnung der Lehre bei Sozialreformern bei. Wie auch die kommunistische Partei Chinas, forderten sie die **Gleichstellung der Geschlechter,** die man bei der Gründung der Volksrepublik China in der Verfassung berücksichtigte.

Vereinzelt gab es weibliche Anhänger des Konfuzianismus, die ihn auch lehren durften. Wohl die berühmteste ist **Ban Zhao (ca. 45 – 114).** Sie war eine Hofdame, deren Ehemann früh verstarb. Sie verhielt sich als Witwe so vorbildlich, wie die konfuzianischen Sitten es von ihr verlangten. Gleichzeitig widmete sie sich vielen Studien, so wie ihre Brüder in der hochgebildeten Familie es taten. Nachdem ein Bruder aus politischen Gründen zum Tode verurteilt worden war, wurde sie an den Kaiserhof berufen, um seine historischen Studien zu vollenden, aber auch, um die Tochter des Kaiserpaares sowie verschiedene Hofdamen zu unterrichten. Zu den Fächern zählten Geschichte, Mathematik und

Astronomie. Zusätzlich stand die damalige klassische Literatur auf dem Lehrplan.

Ban Zhao setzte sich für die umfassende Bildung von Frauen ein, was damals eine Pioniertat war. Gleichzeitig unterwies sie ihre Schülerinnen in moralischen Vorstellungen, die wiederum die damalige untergeordnete Rolle der Frau betonten. Z. B. sagte sie: „Den Mann ehrt man für seine Stärke, die Schönheit der Frau besteht in ihrer Sanftheit" und „Der Mann zeichnet sich durch Festigkeit aus, die Frau durch Nachgiebigkeit". Dies entnahm sie den Prinzipien von Yin und Yang, die sie eins zu eins den Geschlechtern zuordnete, sodass der Mann immer aktiv (Licht usw.) war und die Frau immer passiv (Dunkelheit usw.). Diese Zuordnung durchzieht auch die Vorstellungen der folgenden Jahrhunderte. Die Idee, dass jeder Mensch beide Seiten in sich tragen kann, wenngleich sie verschieden stark ausgeprägt sein können, entstand erst in der Moderne. Ban Zhao lehrte zur Ehe: „Die Frau hat eine Schuldzuweisung ruhig hinzunehmen, wenn der Ehemann erzürnt ist." Außerdem hat sie „den Ehemann rund um die Uhr zu bedienen, wenn er krank ist".

Im Laufe des Neo-Konfuzianismus entwickelten sich weitere **geschlechterbezogene Auffassungen**, die im Umlauf waren, z. B. „Ein weiblicher Anführer ist wie eine krähende Henne" und „Ein Ehemann darf zweimal heiraten, aber eine Ehefrau darf niemals wieder heiraten".

III. Buddhismus

ENTWICKLUNG DES BUDDHISMUS

Der Buddhismus entstand vor ca. zweieinhalbtausend Jahren in Indien. Er breitete sich in ganz Ostasien aus und im Laufe des 20. Jahrhunderts vermehrt auch im Westen. Wie der Konfuzianismus, geschah die Übernahme dieser Philosophie in den verschiedenen Ländern weder durch Missionieren noch durch Gewalt. Die Menschen nahmen ihn im Gegenteil gern an. Er überschnitt sich mit anderen Weltanschauungen wie den Lehren des Konfuzius und dem Taoismus, aber auch mit Religionen wie dem Hinduismus, sodass immer wieder **Vermischungen mit anderen fundamentalen Vorstellungen** stattfanden. Darüber hinaus entwickelte sich der Buddhismus in verschiedenen Varianten, die jedoch in ihren grundlegenden Auffassungen gleich blieben. Das, was der Buddhismus an Ratschlägen für das tägliche Leben bereithält, wird bis heute praktiziert und die Anhänger nehmen, interessanterweise vor allem im Westen, sogar zu. Die Methoden sind dafür gedacht, jedem in jeder Situation zu helfen. Heute würde man sagen, sie tragen zur Entschleunigung des Alltags bei. Buddha selbst fasste sein Anliegen so zusammen (sinngemäß): „Ich lehre euch, weil ihr und alle Lebenden glücklich sein und Leid vermeiden sollt. Ich lehre euch, wie die Dinge wirklich sind."

Zum **glücklichen Dasein** gehört in Buddhas Sinn ein Leben, das man moralisch verantworten kann. Die Motivation des Handels sollen Liebe und Mitgefühl sein – im Unterschied zum herablassenden Mitleid. Heute spricht man eher von Empathie. Um zu einer Existenz ohne Leiden zu gelangen, muss man mehrere Leben durchlaufen. Man wird deshalb so lange wiedergeboren, bis man für das glückliche Leben im sog. **Nirwana** reif ist, das eine Existenz ohne Sorgen und Leiden darstellt. Eine Hilfe im Leben ist die Meditation.

Buddha widmete sich nicht der Verehrung von Göttern. Er sagte (sinngemäß): „Nicht der Glaube an ein höchstes Wesen noch seine Verneinung führen zur Befreiung, sondern nur das eigene Bemühen um das rechte Leben." Doch er selbst wurde nach seinem Tod von vielen **zum Gott erhoben**. Es gibt zahlreiche Buddha-Tempel. Einer der wichtigsten ist der **Nanhua-Tempel** mit dem dazugehörenden Kloster in Shaoguan, gegründet im 7. Jahrhundert. Er gehört zu den geschützten Denkmälern Chinas. Das indische Kloster **Nalanda**, gegründet zwischen den Jahren 300 und 400, fungierte gleichzeitig über Jahrhunderte hinweg als Universität für die Lehre des Buddhismus. Diese wird, wie der Konfuzianismus, oft als Religion angesehen, hat aber eher Elemente von Weltanschauung und Philosophie. Die Anhänger selbst sehen ihn im Wesentlichen als **spirituellen Pfad**. Man schätzt die Zahl auf mindestens 350 Millionen, die meisten davon im asiatischen Raum. Doch die Zahl ist nicht klar zu belegen, verschiedene Quellen gehen von verschiedenen Grundlagen aus. Z. B. ändert sich die Zahl, wenn man Kinder mitrechnet. Der Buddhismus wird in der Regel zu den **Weltreligionen** neben Christentum, Judentum, Hinduismus und Islam gerechnet.

DAS LEBEN BUDDHAS

Die genaue Lebenszeit Buddhas ist unbekannt. Sie fällt ins 5. bis 6. vorchristliche Jahrhundert. Viele gehen von der Zeit **von 563 bis 483 v. Chr.** aus. Es ist eine Zeit, in der Kasten existierten, die untereinander unvermischt blieben, nämlich Gelehrte und Geistliche in der ersten Kaste, Krieger in der zweiten, Bauern und Händler in der dritten sowie Arbeiter in der vierten. Darunter gab es noch sozial ausgegrenzte Menschen wie Kriminelle. Die Menschen orientierten sich weitestgehend an den **Veden**. Das sind religiöse Schriften aus der Religion des Hinduismus, die man auf die Entstehungszeit zwischen 900 und 1200 v. Chr. schätzt. Der Buddhismus greift auch auf manche Vorstellungen aus den Veden zurück, ebenso wie andere Philosophien. Die Bewohner Indiens waren spirituellen Ideen gegenüber sehr aufgeschlossen und strebten danach, sie in ihren Alltag einzubringen. Buddhas Lehre fiel auf einen fruchtbaren Boden.

Buddha wurde als **Siddhartha Gautama** in Lumbini, einem Grenzgebiet zwischen Nepal und Indien und im heutigen Nepal gelegen, geboren. Als Sohn des **Suddhodana**, dem König eines Staats in Nordindien namens **Kapilavastu**, kam er als Prinz zur Welt. Seine leibliche Mutter, aus dem Königshaus eines anderen nördlichen Staats, starb noch im Wochenbett. Sein Vater heiratete einige Zeit später ihre Schwester. Sie soll ihren Neffen bzw. Stiefsohn geliebt haben wie ihr eigenes Kind.

Als Siddhartha einige Tage auf der Welt war, machten mehrere (es sollen neun gewesen sein) Brahmanen (hinduistische Priester) eine **Weissagung** über ihn. Sie sagten ihm eine Zukunft als großer Mann voraus, wobei sie die Rolle eines einflussreichen Königs und eines spirituellen Lehrers für möglich hielten. Einer anderen Überlieferung zufolge traf ein Prophet diese Vorhersage. Sein Vater favorisierte die Vorstellung des großen Königs und zog ihn in diesem Sinne auf, umgeben von Luxus. Auch den Namen Siddhartha wählte er mit Bedacht, er bedeutet „Derjenige, der ein Ziel erreicht hat". Siddhartha erwies sich als außerordentlich gelehrig, aber auch als sehr empathisch. Zudem war er sportlich und meisterte Wettkämpfe spielend. Bald zählte er deshalb außer zum Königshaus auch zur **Kriegerklasse**. Sein Vater ermöglichte ihm ein angenehmes Leben und bot ihm alle Vorzüge des Königshofs. So sandte er Dutzende von jungen Frauen zu ihm und arrangierte zahlreiche sportliche Zweikämpfe, die er leicht gewann. Es gibt die Auffassung, er hätte seine Frau Yasodhara – die eine Cousine von ihm war – bei einem Zweikampf gewonnen. Doch die Annahme, sein Vater hätte die Hochzeit mit der Prinzessin arrangiert, ist realistischer, denn das war zu dieser Zeit üblich. Beide waren bei der Heirat **16 Jahre** alt.

Das Paar lebte ein typisches Palast-Leben, das es an keiner Annehmlichkeit fehlen ließ und nie nach draußen in die reale Welt der arbeitenden Menschen führte. Siddhartha konnte sich mental jedoch nicht mit diesem Dasein arrangieren, es war ihm in spiritueller Hinsicht nicht genug. Als er **29 Jahre** alt war gab es zwei einschneidende Situationen in seinem Leben.

Als Erstes kam sein Sohn zur Welt, den das Paar **Rahula** nannte. Die Bedeutung, die Siddhartha ihm beimaß, soll „der Befähigte" gewesen sein, vorher meinte das Wort „Bezwinger des Elends". Manche Übersetzungen lauten auch „Fessel", weil Siddhartha die Geburt seines Sohnes nicht als Bereicherung empfunden haben soll.

Im gleichen Jahr – nach manchen Berichten sogar am Tag der Geburt – begann Siddhartha, die Umgebung hinter dem königlichen Gelände zu durchstreifen. Er gelangte an Orte, die er vorher nie betreten hatte. Um noch mehr zu erforschen, bat er schließlich einen Wagenlenker, ihm die Gegend zu zeigen. Sie machten mehrere Ausfahrten. Siddhartha begegnete nun menschlichen Schicksalen, von denen er keine Ahnung gehabt hatte, und erlitt eine Art **Realitätsschock**. Seine Erfahrungen begannen mit einem gebrechlichen greisen Mann, gingen weiter mit einem kranken Mann und endeten mit der Sichtung einer Leiche. Sie hinterließen tiefe Eindrücke bei ihm. Schließlich traf er noch auf einen Menschen, der tief in Meditation versunken war, manche Überlieferungen interpretieren ihn als wandernden Asketen. Der Wagenlenker erklärte ihm, dass dieser Mann weltabgewandt lebte, wovon er sich das Ende seiner Leiden versprach. In diesem Moment erkannte Siddhartha, dass alles, was er in seinem Palastleben vermisste, nicht von außen kommen konnte, sondern nur aus ihm selbst heraus. Das war das zweite einschneidende Ereignis.

Von nun an wollte er sein Leben dieser Erkenntnis widmen. Deshalb **verließ er noch im Jahr der Geburt seines Sohnes seine Familie und das Königshaus**, um die **Erleuchtung** zu suchen. Seine Frau stieß das zunächst in große Verzweiflung. Siddhartha soll eines Nachts noch einmal zum Palast zurückgekehrt sein. Als er jedoch die herumliegenden Gestalten sah, die musiziert, getanzt und sich vergnügt hatten, erschien ihm die Szenerie abstoßend. Sein Beschluss, ein völlig anderes Leben zu führen, verfestigte sich. Er schor sich den Kopf kahl und zog einfache Kleidung an. Vom **Luxus des Palast-Lebens nahm er für immer Abschied.**

Er wanderte sechs Jahre lang umher. In dieser Zeit eignete er sich so viel Wissen, wie er nur bekommen konnte, an. Er nahm bei renommierten Gelehrten Unterricht, die ihn alles über die gängigen Religionen und Philosophien seiner Zeit wissen ließen. Zudem erlernte er bei verschiedenen Meistern mehrere Techniken der **Meditation**. Doch all das brachte ihm noch nicht die ersehnte Erfüllung. Zwar zeigte man ihm Möglichkeiten, seinen Geist zur Ruhe zu bringen, doch nicht das Wesen des Geistes selbst. Zusammen mit einigen Anhängern, die ihn immer begleiteten, verzichtete er auf weitere Studien und begab sich mit ihnen auf seine eigene Suche nach der Erleuchtung. Seine Frau Yasodhara erfuhr, dass er ein ehrsames und entbehrungsreiches Leben führte, und tat es ihm nach. Sie kleidete sich einfach und schmucklos, außerdem aß sie wenig. Mehrere Heiratsanträge aus königlichen Häusern lehnte sie ab.

Siddhartha machte sich bewusst, wie entbehrungsreich er lebte, oft aß er nicht mehr als eine Schale Reis am Tag. Das, was er leidvoll praktizierte, war das genaue Gegenteil des Lebens, das er im Palast geführt hatte. Nun festigte sich die Idee in ihm, dass der **Mittelweg** die beste Möglichkeit sein müsste, um den Geist zur Erleuchtung zu bringen. Infolgedessen hörte er auf zu hungern und begann, sich vernünftig zu ernähren. Immer mehr erfasste ihn das Wissen, dass geistige und mentale Disziplin von einer inneren Einstellung kommt, aber dass man seinen Körper deswegen nicht vernachlässigen soll. Gleichzeitig soll man sich auch nicht der Völlerei hingeben. In diesem neuen Bewusstsein nahm er die Gabe einer jungen Frau an, die ihm einen Krug mit Milch reichte. Das verwirrte seine Anhänger. Sie glaubten, er wäre seinem Streben nach Erleuchtung abtrünnig geworden, und ließen ihn enttäuscht allein.

Siddhartha wanderte einige Tage lang allein weiter, sein Geist war unentwegt mit Gedanken an existenzielle Fragen beschäftigt. Schließlich machte er unter einer Pappelfeige Rast, um zu meditieren.

Es soll eine Vollmondnacht gewesen sein; jedenfalls war es **kurz vor seinem fünfunddreißigsten Geburtstag**. Bei dieser Meditation fand er die Erleuchtung. Alle Gedanken fielen von ihm ab wie reifes Obst vom Baum, er musste keiner Suche nach einer Lösung mehr nachhängen. Die Wahrnehmung von Raum und Zeit verschwand, ebenso die Vorstellung von Vergangenheit oder Zukunft. Er spürte nur diesen Augenblick, sein Bewusstsein durchdrang die Welt und jede Existenz. Er nahm nicht nur wahr, dass er ein Teil dieses Ganzen war, sondern spürte auch, dass seine Existenz als Gesamtheit, alles durchdringend, mit Himmel und Erde verbunden war. Es gab keine Sorgen und Nöte mehr, sondern nur Frieden und Harmonie. Das war seine Erleuchtung, und fortan war er **Buddha, der Erleuchtete**. Ort des Geschehens war der **Gazellenhain von Sarnath**, gelegen an einem Ufergefilde am Fluss Neranjara in Nordost-Indien. Heute heißt der Bundesstaat Bihar. Der Baum stand in einem Ort ca. 100 Kilometer von der Hauptstadt Patna entfernt. Die Kleinstadt wurde später **Bodhgaya** mit der Bedeutung „Ort der Erleuchtung" genannt. Heute steht hier eine überlebensgroße Buddha-Figur.

Die Pappelfeige erhielt später den Namen **Buddhabaum** bzw. lateinisch **Ficus religiosa.**

Buddha ging nun zurück zu seinen abtrünnigen Gefährten, die ihn vor der Erleuchtung verlassen hatten. Vor ihnen hielt er seine erste Lehrpredigt ab, woraufhin sie ihm wieder folgten. Von da an wuchs die Schar seiner Anhänger.

Buddha nahm nun seinen siebenjährigen Sohn mit auf die Wanderungen durch das nördliche Indien. Das führte bei vielen späteren Anhängern zu der Auffassung, dass **ein Kind ab sieben Jahren** einer buddhistischen Gemeinschaft angehören könnte. Der kleine Rahula wurde schon bald Novize und dann Mönch. Als seine Mutter davon hörte, wurde sie buddhistische Nonne. Auch Buddhas Vater Suddhodana wurde Buddhist, ebenso wie sein Cousin Ananda.

Buddha sammelte viele Schüler um sich. Den Rest seines Lebens verbrachte er mit der Verbreitung seiner Lehre, seinen Sohn an seiner Seite. Viele folgten ihm und seinen Vorstellungen begeistert. Er lehrte jeden, der es wollte, unabhängig von der Kaste, der die Person angehörte. Adelige und Angehörige von Königshäusern folgten ihm ebenso wie Landwirte, hinduistische Priester, Händler und sozial ausgegrenzte Menschen wie Bettler und Diebe. Auch Kurtisanen fanden sich in der Zuhörerschaft bei seinen Vorträgen. Für viele Mitglieder von Regierungen wurde er zum Berater. Ein Mittelpunkt seiner Lehre war der „Mittlere

Weg" zwischen ungezügeltem Ausleben aller Bedürfnisse und strengem Asketentum mit zahlreichen Entbehrungen. Gleichzeitig forderte Buddha die Menschen um ihn herum immer wieder auf, seine Lehren kritisch zu betrachten. Es ging ihm darum, die Wahrheit zu benennen. Sie sollten ihre eigenen Erfahrungen einbeziehen und ihm nicht blindlings folgen. Diese **nicht autoritäre, tolerante Haltung** ist bis heute für den Buddhismus typisch.

Als die Anhänger Buddhas immer mehr wurden, konnte man zwei Gruppen unterscheiden, einmal die Laien und zum anderen die Mönche, die sich der buddhistischen Lebensweise vollkommen verschrieben. Sie gründeten Orden und zogen durch die Lande. Buddha erkannte die Notwendigkeit, Ordensregeln zu erlassen, schon aus Gründen der Gerechtigkeit. Nach diesen Vorgaben herrschte weitgehende **Gleichberechtigung unter den Mönchen**. Obwohl einzelne Ordensmitglieder spezielle Fähigkeiten hatten, führte Buddha keine Hierarchie und vor allem keine Ordensleitung ein. Auch diejenigen, die zu seinen Favoriten zählten, bevorzugte er nicht. Es gab niemanden, den er für seine Nachfolge bestimmte. Als er schon recht alt und krank war, antwortete er auf entsprechende Nachfragen, nach seinem Tod solle man sich an seine Lehren halten.

Nach zwei Jahrzehnten des Umherziehens, Diskutierens und Dozierens beschloss Buddha, dass die Mönche während der Regenzeit (Monsun) ihre Wanderungen einstellen und an einem

Ort bleiben durften. Ein großer Anhänger namens **Anathapin-dika** verhalf ihnen zu dem großzügigen Aufenthaltsort **Jetavana (in Uttar Pradesh)**, einem Park, in dem er Klosterge-bäude für die Buddhisten bauen ließ. Dort finden sich heute noch Ruinen, ein Ficus religiosa und einige Stupas. Es gab auch noch weitere Gönner, die den buddhistischen Mönchen Kloster-gebäude und Areale spendeten.

Ein **Stupa** ist ein Bauwerk, das sowohl Buddha wie auch seine Lehre gleichermaßen verehrt. Es kann verschiedene Formen ha-ben, z. B. pagoden- oder turmartig sein. Stupas wurden im Laufe der Zeit an vielen Orten errichtet, vor allem dort, wo viele Men-schen vorbeikommen, z. B. an Kreuzungen und Stellen, die an der Seidenstraße liegen. Im gesamten ostasiatischen Raum und noch darüber hinaus wurden sie errichtet. Viele enthalten Reli-quien. Grundsätzlich sollen sie ein Ort sein, an dem Harmonie und Menschlichkeit herrscht. Jeder soll hier Frieden finden kön-nen, völlig unabhängig von seiner sozialen Stellung.

Viele Orte reklamierten im Übrigen in den folgenden Jahrhun-derten, dass ihr Buddhabaum direkt vom heiligen Baum ab-stammte, unter dem Buddha Erleuchtung gefunden haben soll. **Anathapindika**, vor seiner buddhistischen Überzeugung er-folgreicher und wohlhabender Bänker, hatte am Ende seines Le-bens den größten Teil seiner Reichtümer in Jetavana und die Unterstützung der Buddhisten investiert und starb relativ mit-tellos.

Im Alter von 80 Jahren wurde Buddha ernsthaft krank. Er ging zurück in seinen Heimatort **Kapilavastu**. Einer Überlieferung zufolge litt er an einer schweren Darmerkrankung mit Blutungen. Kurz vor seinem Tod befragte er die anwesenden Mönche, darunter seinen Cousin Ananda, ob sie noch etwas von ihm wissen wollten, doch niemand stellte eine Frage. Buddha verwies auf seinen greisen, kranken Körper und sprach seine letzten Worte (sinngemäß): „Denkt immer daran, meine Mönche, das ist mein letzter Rat für euch. Alle Dinge in der Welt ändern sich. Sie dauern nicht an. Arbeitet immer hart daran, eure eigene Erlösung zu finden."

Andere Quellen geben an: „Ich kann glücklich sterben. Ich habe euch nichts verheimlicht. Alles, was ihr braucht, habe ich euch bereits gegeben. Sorgt dafür, dass ihr euer eigenes Licht seid, das euch begleitet." Das ist insofern interessant, als auch von einer Begegnung zwischen Ananda und Buddha berichtet wird, in der Ananda ihn fragt, ob er seinen Schülern alles gesagt oder ob er noch ein Geheimnis behalten hätte. Darauf verwies Buddha auf die „Blätter in seiner Hand" und „all die Blätter im Wald" und antwortete: „Schau her. Nur so viel habe ich gesagt (wie Blätter in seiner Hand sind) und so viele Geheimnisse habe ich für mich behalten (wie Blätter im Wald sind)."

Buddha wurde verbrannt. Seine Asche wurde in verschiedenen Stupas bewahrt, darunter in China, Sri Lanka und Birma (Myanmar). Zu seiner Einäscherung erschien auch ein Brahmane, der im hohen Alter zum Buddhisten geworden war. Ihm hatte Buddha bei einer Begegnung seine Mönchsrobe im Tausch gegen seine Priesterrobe gegeben.

WICHTIGE LEGENDEN ÜBER BUDDHA

Um Buddha ranken sich viele Legenden. Es beginnt schon vor seiner Geburt. Seine Mutter soll vor seiner Zeugung von einem weißen Elefanten geträumt haben, in dem sich die Seele des späteren Buddha zeigte. Ein Mythos berichtet, sie habe ihren Sohn im Stehen durch ihre Achselhöhle geboren. Vor dem Erlebnis seiner Erleuchtung soll eine Gottheit ihm Versuchungen gesandt haben, zunächst einen heftigen Sturm und dann die Illusion einer Armee, die ihn attackierte. Als das nicht half, sandte sie ihm ihre eigenen wunderschönen Töchter, um ihn zu verführen. Doch Buddha blieb standhaft. Er unterbrach seine Meditation nicht, die zur Erleuchtung führte. Danach berührte er die Erde, um sich mit ihr mental zu verbinden, und die Erde bebte. Schließlich gibt es noch die Legende, dass seine tödlich endende Krankheit von einem Mahl herrührte, das er zu sich nahm, obwohl er wusste, dass es vergiftet war. Gleichzeitig hielt er die anderen davon ab, es mit ihm zu teilen.

Schließlich entstanden Geschichten, die sich auf frühere Leben Buddhas bezogen. Sie wurden in einer Sammlung, dem **Jatakam**, erfasst. Hierin taucht er ebenfalls als **Elefant** auf. In dieser Gestalt soll er sich von einer Klippe gestürzt haben, um Menschen vor dem Hungertod zu bewahren. Auch als ein **Hase** wird er benannt. Als solcher soll er sich einem hungernden Jäger vor die Flinte geworden haben, nicht ohne vorher die Fliegen von seinem Fell zu entfernen, die er nicht mitopfern wollte. Eine andere Erzählung berichtet sogar von einem früheren Leben mit seiner Ehefrau. Demnach wollte er eine Lotusblume von einer Blumenverkäuferin erwerben, die ihm jedoch fünf Exemplare gab und dafür die Zusage von ihm forderte, dass er sie im **nächsten Leben heiraten** würde.

TEXTE BUDDHAS

AUFZEICHNUNGEN

Informationen über das Leben Buddhas waren für Historiker schwierig zu finden. Er hielt zwar 45 Jahre lang seine Vorträge in den verschiedensten Regionen, doch weder er noch seine An-hänger schrieben seine Worte auf. Das war zu dieser Zeit ohne-hin unüblich. Vielmehr übertrug man religiöse Texte von Gene-ration zu Generation, indem man sie wiederholte und teilweise auswendig lernte. So verfuhr man auch mit Buddhas Lehre. Vor allem **Ananda**, sein treuer Begleiter auf den Wanderungen, ver-fügte über ein hervorragendes Gedächtnis. Er prägte sich die Reden ein und gab sie wieder. Viele der Äußerungen Buddhas

blieben gleich, was die Erinnerung erheblich erleichterte. So gab
er seinen Zuhörern immer wieder eindringliche Aussprüche und
poetische Lebensweisheiten mit auf den Weg, z. B. (sinngemäß):

„Trauere der Vergangenheit nicht hinter,

verliere dich nicht in Gedanken über die Zukunft.

Die Vergangenheit gibt es nicht mehr. Die Zukunft ist
noch nicht da.

Du lebst hier und jetzt."

„Arbeite, als würdest du das Geld nicht brauchen,

liebe, als hätte dich noch keiner verletzt,

tanze, als würde niemand zusehen,

singe, als würde es keiner hören,

lebe, als wäre die Erde das Paradies."

Gut eingängige Passagen sollten die Anhänger Buddhas nicht
nur über die Lehre informieren, sondern ihnen auch eine Möglichkeit geben, sich in einzelnen Situationen an eine passende

Weisheit zu erinnern. Sie dienten den Mönchen auch zum gemeinsamen Rezitieren (Aufsagen der Texte).

Einer der glühendsten Anhänger Buddhas namens **Upali** kannte die Klosterregeln und Anweisungen für Mönche auswendig und gab sie weiter. Er selbst wurde Mönch, nachdem Buddha seine Dienste als Friseur in Anspruch genommen und dabei seine Lehre verbreitet hatte.

Schriftliche Aufzeichnungen der buddhistischen Lehre treten erst ca. 500 Jahre nach Buddhas Tod auf. Die ersten Sammlungen der Texte Buddhas in Schriftform sind die **Tripitaka,** zu Deutsch drei Körbe. In ihnen ist die Lehre systematisch erfasst, und zwar

1. **die Ordensregeln im „Korb" Vinaya Pitaka**

2. **die Lehrsätze im „Korb" Sutra Pitaka**

3. **die Lehrreden im „Korb" Abhidhamma Pitaka**

Die Grundlagen des Buddhismus sind in diesen Schriftstücken, die aus mehr als 5.000 einzelnen Schriften bestehen, festgehalten. Trotzdem gibt es in der Frage Abweichungen, was alles zu den „Körben" gehört. Über die Jahrhunderte hinweg sowie aufgrund von unterschiedlichen geografischen Gebieten und einzelnen Buddhismus-Schulen kamen **unterschiedliche Zuordnungen** zustande.

Texte Buddhas wurden immer wieder rezitiert und sind als gemeinsames Sprechen bis heute Bestandteil buddhistischer Gemeinschaften. Natürlich kann sie auch jeder Einzelne für sich allein nutzen. Sie waren und sind die Essenz für viele buddhistische Mönche und Priester, um Rituale zu praktizieren oder eine Meditation einzuleiten.

TEXTE

Verschiedene Textarten

Aus den Texten entnahm man Teilstellen, die zu **Dharanis** und **Mantras** wurden und die man für sehr kraftvoll und teilweise sogar heilsam hielt. Vor allem Mantras werden heute noch gern verwendet. In **Sutras** sind lehrreiche Darstellungen enthalten.

Mantras

Ein **Mantra** ist ein Gebilde aus Wörtern, die man nicht versteht, soweit sie so gut wie unverändert aus frühen buddhistischen Texten stammen. Man rezitiert oder singt sie. Sie sollen heute noch spirituell wirken. Häufig wird darin die Lautverbindung „Om" verwendet, die für die Einheit allen Seins steht. Beispielsweise gibt es das Mantra „Om Mani Peme Hung", das die Haltung des Mitgefühls anspricht. Heute gibt es gut verständliche

Mantras in den jeweils gesprochenen Sprachen. Die Anwendung des Mantras soll den Weg zur Vollkommenheit eines Menschen unterstützen und beinhaltet das Sehnen danach, alle Wesen vom Leid zu befreien. Andere Mantras können z. B. beinhalten, dass alles auf der Welt Harmonie und Frieden erfahren soll oder, dass alle Wesen in Glück miteinander verbunden sein sollen. Ein Beispiel ist „Lass die ewige Sonne auf dich scheinen, lass Liebe dich umhüllen, lass reines Licht in deinem Innern dir den Weg weisen." Als moderne Mantras gelten zuweilen auch verschiedene Aussprüche, die jedoch auch von vielen Angeboten zur Persönlichkeitsentwicklung gebraucht werden, z. B. „Ich liebe mich so, wie ich bin" oder „Ich mache das, was ich mache, mit Hingabe und Liebe". Es gibt viele weitere Sätze, die das Selbstbewusstsein, die Fähigkeit zur Gelassenheit und weitere erwünschte (gute) Eigenschaften unterstützen sollen.

Dharanis

Ein **Dharani** wird verwendet, um zur Konzentration zu gelangen und auch, um sich zu schützen. Es gibt die Essenz der gesamten Lehre oder eines wesentlichen Aspekts in einem Kurztext wieder. Wenn man es richtig verwendet, soll es nahezu den gleichen Effekt haben, wie wenn man das ganze Werk studiert. Es verhilft dazu, sich die Lehre in Kurzform vor Augen halten zu können. Oft wird ein Dharani von einem Lehrenden an einen Lernenden weitergegeben, und oft versteht auch nur der Schüler den tieferen Sinn aus dem Lehrzusammenhang heraus. Zuweilen wird ein Dharani als eine Art Gebet angesehen. Allerdings bittet man damit nicht um etwas, sondern praktiziert mit dem Sprechen des Textes die Erfüllung, z. B. bei der Bitte um Schutz bei einem Vorhaben. Das Dharani selbst ist der Schutz.

Viele Texte Buddhas hielt man mit der Zeit für heilig und archivierte sie in Tempeln und Stupas. Im Laufe der Zeit erhielten die Texte der „Tripitaka" sehr viele verschiedene Interpretationen, denn es entwickelten sich unterschiedliche Richtungen des Buddhismus. Verschiedene buddhistische Richtungen favorisieren z. B. verschiedene Sutras als ihre Grundlagen.

Sutras

Sutras sind Schriften, die als Aufzeichnungen der mündlichen Erläuterungen Buddhas gelten und seine Darstellungen mit vielen Details als eine Art Erzählung wiedergeben. Sie können einige hundert Seiten umfassen. Vielen gelten sie als sehr ehrwürdig oder sogar heilig. Z. B. gibt es das „Lotus-Sutra" und das „Diamant-Sutra". Ein Kapitel aus dem Lotus-Sutra erfreute sich unter Buddhisten stets großer Beliebtheit. Es handelt davon, dass Buddha folgende Geschichte erzählt und sie gleich danach interpretiert.

Buddha berichtet von einem wohlhabenden Mann und seinen Söhnen. Trotz seines Reichtums besaß der Mann ein Haus, das nur einen einzigen Ein- bzw. Ausgang hatte. Eines Tages, als die

Jungen völlig in ihrem gemeinsamen Spiel versunken waren, brach ein Feuer aus. Trotz der Rufe ihres Vaters verharrten sie bei ihrem Spiel und ließen sich nicht davon ablenken. Sie nahmen das Feuer gar nicht wahr. Der Vater suchte nach einem effektvollen Mittel, um sie aus der unmittelbaren Gefahr zu retten. Deshalb baute er sich vor ihnen auf und rief ihnen mit lauter Stimme zu, draußen vor dem Haus würden noch schönere Zeitvertreibe auf sie warten, beispielsweise wundervolle Wagen, die von Ziegen und Hirschen gezogen werden. Als die Söhne daraufhin das Haus verlassen hatten, aber die Versprechungen keineswegs vorfanden, lamentierten sie darüber. Der gute Vater baute ihnen nun Wagen, die die versprochenen Exemplare noch überboten.

Nach dem Erzählen dieser Geschichte erklärte Buddha seinen Zuhörern, dass er sich selbst als eine Art von liebevollem Vater sah, und zwar für alle Menschen. Er wäre geboren worden, um sie vom Leid zu befreien. Jeder sollte die Chance bekommen, nicht mehr unter Krankheiten, Alter und dem Bewusstsein des Todes zu leiden. Auch die **drei Grundübel Gier, Hass und Verblendung** sollten mit seiner Lehre zurückgedrängt und sogar bezwungen werden können. Er wollte die Menschen aus dem Zustand des Unbewusstseins, wie bei den Söhnen in der Geschichte, herausholen und ihnen spirituelle Hilfsmittel geben. Mit seiner Lehre würde er ihnen den Weg aus dem ewigen

Kreislauf des Lebens zeigen, das Geburt und Wiedergeburt beinhaltet. Dieses sich drehende Rad des Lebens wird im Buddhismus „Samsara" genannt.

BUDDHISTISCHE KLÖSTER UND MÖNCHE

Die Menschen, die Buddha folgten, kamen aus allen Kasten. Es waren sogar viele Männer darunter, die aus wohlhabenden Familien stammten. Buddha gründete den ersten buddhistischen Orden, eine buddhistische Gemeinschaft, die auch **Sangha** genannt wird. Wer Mönch wurde, hatte Regeln zu befolgen. Die Verhaltensweisen, die zu befolgen waren, wurden später in den Ordensregeln im „Korb" Vinaya Pitaka festgehalten. Sie galten für alle gleich**, die Herkunft spielte nun keine Rolle** mehr. Es gab allerdings Verhaltensvorgaben, die das Zusammenleben von Menschen verschiedener Herkunft mit verschiedenen sozialen Gepflogenheiten erleichterten, sodass größtmögliche Harmonie herrschte.

Selbstverständlich galt die Regel, niemanden zu töten und niemanden zu bestehlen. Buddha legte aber auch großen Wert auf die Regelung, dass niemand von sich behaupten durfte, übernatürliche Kräfte zu besitzen. Ihm war wichtig, dass kein Buddhist als gottgleich angesehen wurde.

Zu dem Schwur, den die Mönche leisteten, gehörte auch, auf **Alkohol zu verzichten** und nach dem Mittagessen keine festen Speisen mehr zu sich zu nehmen. Sie durften nicht in einem weichen Bett schlafen und keine Düfte benutzen. Die Teilnahme an Festen und Vergnügungen im öffentlichen Raum war verboten. Es gab zahlreiche Regeln, die genaue Aussagen darüber trafen, was Mönche überhaupt besitzen durften. Beispielsweise durften sie **keine Lebensmittel vorrätig** halten und mussten eine bestimmte **Kleidung** tragen. Innerhalb ihrer Gemeinschaft durften sie nicht über andere Mönche lästern; außerhalb taten sie es ohnehin nicht.

Mönche durften **keine Geschäfte mit Geld** abwickeln. Wer als Mönch lebte, lebte in erster Linie von den Zuwendungen anderer Menschen, vor allem an Lebensmitteln. Deshalb war ihm der Besitz einer Schale erlaubt, in die man ihm Essen geben konnte. Doch schon die Frage, ob man diese Schale tragen musste oder an einem Band befestigen durfte, waren in der Folgezeit Diskussionen wert.

Sexuelle Aktivitäten waren verboten. Mönche durften nicht heiraten und keine sexuelle Beziehung zu jemandem unterhalten. Sie durften niemanden so berühren, dass man es als erotisch auffassen konnte, und sie durften nicht onanieren.

Wer sich regelwidrig verhielt, musste das vor den versammelten Mönchen bekennen. Die prüften zunächst, ob das unerwünschte Verhalten vorsätzlich oder ohne Absicht erfolgt war. Nicht beabsichtigte Regelverletzungen wurden nicht bestraft. Leichte Verfehlungen ahndete man mit einer Bewährungszeit, dem vorübergehenden Verlust von Annehmlichkeiten oder zeitweisem Verbot an der Teilnahme von Aktivitäten in der Gemeinschaft. Bei schweren Vergehen konnte man völlig aus dem Klosterleben ausgeschlossen werden. Das galt z. B. für sexuelle Aktivität in einer zwischenmenschlichen Beziehung.

Einige der strikten Regeln lockerten sich im Laufe der Jahrhunderte. So wurde die Liste der Dinge, die man besitzen durfte, erweitert und beschränkte sich nicht mehr auf wenige Kleidungsstücke, einen Wanderstab und die Bettelschale. Im Laufe der Zeit machten die vielen buddhistischen Orden, die sich bis heute entwickelten, auch ihre eigenen Regeln. In manchen wurde Heiraten schließlich erlaubt. Auch die Frage, wie viel man besitzen darf, wurde immer unterschiedlich interpretiert.

Auch für Menschen, die nicht zum Mönchstum wechselten, sondern **als Laien Buddhisten wurden**, wurde ein Schwur eingeführt. Er beinhaltet das Versprechen, nicht zu töten, zu stehlen, zu lügen, bewusstseinsverändernde Substanzen zu nehmen (einschließlich Alkohol) und sexuelle Verfehlungen (z. B. Ehebruch). Die (Laien)-Buddhisten waren gehalten, ihre Familie gut zu unterstützen, alle respektvoll zu behandeln und für die alten Eltern zu sorgen. Grundsätzlich galten tugendhaftes Verhalten und die Praxis der Meditation als Pfeiler des Lebensstils. Soziale Unterstützungen aller Art waren gern gesehen, vor allem gegenüber buddhistischen Klöstern. Damit machte man sich nach der Lehre bereits gut verdient und konnte auf ein besseres Leben in der nächsten Wiedergeburt hoffen.

Zunächst waren nur Männer zum buddhistischen Mönchstum zugelassen. Erst auf intensive Bitten seines treuen Gefährten Ananda hin gewährte Buddha auch Frauen ein Leben im Kloster.

BUDDHISTISCHER GLAUBEN

GRUNDLAGEN

Buddha ging davon aus, dass man wiedergeboren wird. Eine endgültige Erlösung findet man im **Nirwana**. Das ist der Zustand, wenn die Wiedergeburten aufhören. Viele Buddhisten nennen den Zustand der Erleuchtung, den ein Mensch vereinzelt und punktuell zu Lebzeiten erreichen kann, ebenfalls Nirwana. Voraussetzung ist neben der buddhistischen Lebensweise regelmäßige Meditation. Nirwana ist ein Zustand der (subjektiv wahrgenommenen) völligen Einheit von Körper, Geist und Seele mit der Welt. Jeder Leidensdruck fällt ab, jedoch auch jede Art von positivem Gefühl. Es ist ein Zustand der Leere, jenseits der Gefühlswelt, jedoch gleichzeitig ein Glückszustand.

Der Buddhismus spricht von **Leere, die in der Form liegt, und Form, die in der Leere liegt.** Alle Formen vergehen. Sowohl die lebenden wie die nicht lebenden ändern sich ständig, wenn auch verschieden langsam oder schnell. Menschen sind, wenn man die Erneuerung der Zellen betrachtet, nach einigen Jahren schon rein biologisch nicht mehr dieselben. Jede Welle des Ozeans vergeht in Sekunden, und sogar Berge verändern ihre physische Erscheinung, z. B. durch Erosion. Doch es entsteht immer wieder eine neue Form. Da keine Form bleibt, ist das Gegenstück zur Form die Leere, in der gar nichts und im buddhistischen Sinne damit alles existiert, weil ja alles daraus entstehen kann. In diesem Sinne sagt Buddha:

„Wasser erstarrt zu Eis, Eis schmilzt zu Wasser.

Wenn etwas geboren ist, stirbt es auch wieder.

Was gestorben ist, wird wieder leben.

Wasser und Eis sind im Grunde eins.

Leben und Tod – beides ist gut."

Doch die Änderungen sollen nicht zur Gleichgültigkeit führen, sondern zum **achtsamen Leben**, und zwar mit allen Wesen. Er selbst war Vegetarier. Der (derzeitige) Dalai Lama ermahnt im buddhistischen Sinne: „Gehe sorgsam mit der Erde um". Ein Dalai Lama ist der höchste Meister im tibetanischen Buddhismus.

Der fortgeschrittene Buddhist, der die Erleuchtung erfährt, soll erkennen, dass alle Formen dieser Welt in Wirklichkeit leer sind, denn wenn sie sich ständig ändern, haben sie kein eigenes Wesen. Daher heißt es an einer Stelle des Herz-Sutras (sinngemäß):

„Form ist Leerheit, Leerheit ist Form, Form ist nichts anderes als Leerheit, Leerheit ist nichts anderes als Form. Dasselbe gilt für die Empfindungen, Wahrnehmungen, geistigen Kräfte und das

Bewusstsein." Diese Weisheit grenzt schon an die Erfahrung des Nirwana und setzt eine hohe Entwicklung im Sinne des Buddhismus voraus.

Dass Menschen Änderungen unterworfen sind, zeigen nach Buddha auch **die fünf Skandhas** (zu Deutsch: Ansammlungen), die den Menschen ausmachen und die ständig in einem Prozess begriffen sind:

1. **Die Ansammlung der Form**. Das sind die Dinge, die man mit seinen Sinnen wahrnimmt, z. B. Farben, Gerüche und Töne.

2. **Die Ansammlung des Gefühls**. Das sind die Erlebnisse und Erfahrungen, die man im Leben macht. Sie führen zu positiven, negativen oder neutralen Empfindungen.

3. **Die Ansammlung der Unterscheidung**. Das bezieht sich auf Dinge, wie wir unterscheiden und benennen können, aber auch auf Dinge, die wir unterscheiden können, ohne dass sie einen Begriff haben, etwa Dinge des Geistes. So geben Wissenschaftler Dingen (Entdeckungen) oft einen Namen, den es vorher noch nicht gab. Auch Kleinkinder können Dinge unterscheiden, ohne sie schon benennen zu können.

4. **Die Ansammlung der Geistesfaktoren**. Es sind die Zustände des Geistes, die positiv, negativ oder neutral sein können. Sie nehmen Einfluss auf das Bewusstsein, z. B. Achtsamkeit, Reue oder Hass.

5. **Die Ansammlung des Bewusstseins.** Das ist das Bewusstsein, das Dinge klar erkennt.

DIE IDEE DER WIEDERGEBURT

Unterschiedliche Vorstellungen

Buddha richtete seine Aufmerksamkeit auf das Leben im Diesseits und weniger auf einen erlösten Zustand im Nirwana des Jenseits. Er wollte das Leiden der Menschen im Leben verringern. Dabei verstand er unter **Leiden** nicht nur physisches und psychisches Leiden wie bei Krankheiten, Trennungen usw., sondern auch die leidvolle Erfahrung, dass man zufriedenstellende und glückliche Situationen und Umstände nicht festhalten kann. Sie werden vergehen wie alles andere auch.

Nachfolgende Lehren malten sich jedoch aus, wie eine Existenz im Jenseits aussehen könnte. Im sog. Mahayana-Buddhismus gab es die Vorstellung, dass man in einer Art von **reinem Land** wiedergeboren wird, in dem man unter angenehmen Umständen weiterhin nach Erleuchtung strebt. Doch man konnte auch in einer Art Hölle landen, wobei man im besten Fall die Aufgabe hatte, andere von den Höllenqualen zu erlösen. In China vermischte sich der Buddhismus mit anderen Vorstellungen, vor allem der Ahnenverehrung. Man opferte Weihrauch und andere Gaben, um so den Verstorbenen ein angenehmes Leben im Jenseits zu verschaffen, und glaubte, dass sie sie sich im Gegenzug mit Wohltaten für die Lebenden revanchierten. Umgekehrt konnten die Toten auch Unglück für undankbare Verwandte heraufbeschwören, die den Ahnenkult vernachlässigten. Bis heute gibt es sehr verschiedene Vorstellungen, wie Buddhisten eine Art von Himmel oder Hölle sehen. Es gibt **keine einheitliche Auffassung** davon, wie ein Dasein im Jenseits sich gestaltet. Einige glauben, dass es Untaten gibt, die in einer Hölle geahndet werden. Das können gravierende kriminelle Taten, aber auch schon unerwünschte Verhaltensweisen wie das Tragen zu enger Hosen sein.

Auch die Vorstellung, als was man wiedergeboren wird, variiert in den verschiedenen Buddhismus-Richtungen. Buddha selbst verkündete beispielsweise, dass ein buddhistischer Laie sich mit Zuwendungen für Klöster einen Verdienst erwirbt, der wahrscheinlich zur Wiedergeburt als buddhistischer Mönch führt, also einer Art Aufstieg. Götter konnten für seine Begriffe im nächsten Leben nur absteigen, weil sie eine sehr hohe Lebensform innehatten, die jedoch nicht zwangsläufig ins Nirwana führt. Auch sie mussten ihr Karma abarbeiten. Als **Karma** ist zu verstehen, dass menschliche Handlungen immer eine Konsequenz haben, in positiver oder negativer Hinsicht. Diese verwirklicht sich jedoch nicht immer im gegenwärtigen Leben, sondern kann sich auch erst in einem zukünftigen zeigen.

Manche glauben, man kann auch als Tier wiedergeboren werden, andere, man wird immer mit dem gleichen sozialen Status konfrontiert, z. B. in einem bestimmten Beruf.

Das Lebensrad

Der ursprünglichen buddhistischen Vorstellung kommt man näher, wenn man das **Lebensrad** betrachtet, das auf Buddha zurückgeht. Es beschreibt den Kreislauf des Lebens, der ebenfalls **Samsara** genannt wird. Das kann sowohl ein Kreislauf von verschiedenen Leben sein, der zur Wiedergeburt führt, wie auch einer innerhalb eines Lebens, den man überwindet und nach dem ein neuer beginnt. Jeder Mensch kann den Kreislauf an jedem Punkt überwinden. Das Lebensrad regt zur Selbsterkenntnis, Reflexion und Veränderung an. Es zeigt einen Aufstieg wie einen Abstieg, da beides aufgrund des Karmas möglich ist.

Das Rad befindet sich in der Hand eines Wesens, das verschieden interpretiert wird. Es kann sich um den **Gott Mara** handeln, der auch für die Versuchungen Buddhas im Gazellenhain verantwortlich war, oder um ein anderes nicht-menschliches Wesen, möglicherweise ein Ungeheuer. Den Mittelpunkt des Rads bilden die drei Tiere, die die drei Grundübel symbolisieren, von denen zwei allerdings unterschiedlich interpretiert werden: **ein Hahn für die Gier oder die Wollust, eine Schlange für den Hass oder den Neid und ein Schwein für die Verblendung.** Verblendung bedeutet die Nicht-Entfaltung des Geistes, den man eigenverantwortlich einengt, obwohl man die Möglichkeit hätte, ihn wirken und wachsen zu lassen. Diese Wurzeln des Leidens drehen das Lebensrad. Eine Wiedergeburt kann in folgenden Bereichen erfolgen, je nach Karma:

- In der **Welt der Gottheiten.** Man kann das Leben in vollen Zügen genießen. Doch man unterliegt der Verblendung, dass es unendlich ist. Diese Illusion erzeugt das Leiden.

- In der **Welt der Menschen.** Man ist in einem Netz von Selbstbezogenheit, Sinneseindrücken und Trieben gefangen. Das Leiden besteht im Alterungsprozess, Krankheiten und Bewusstsein des Todes. Die Wiedergeburt in diese Welt ist vielversprechend, weil man sich durch Studium von Schriften, vor allem des Buddhismus, und tugendhafte Lebensweise zu einem guten Karma verhelfen kann.

- In der **Welt der Hungergeister.** Sie werden nicht satt und sind fortwährend durstig, wodurch sie ständig gierig sind. Das Leiden besteht darin, dass ihre Bedürfnisse nie befriedigt werden.

- In der **Welt der Höllenwesen**. Hier herrschen Kälte und Hitze. Das Leiden besteht im Ertragen dieser Zustände, die durch Wut und Hass entstehen.

- In der **Welt der Tiere**. Hier erzeugen Angst und Unbewusstheit das Leiden. Man muss mit der Abgestumpftheit leben, mit der Menschen Tiere jagen und essen.

- In der **Welt der Halbgötter**. Das Leiden besteht in Neid und Streit. Die Halbgötter müssen den Baum der Wünsche, der den Mittelpunkt ihrer Welt bildet, hegen und pflegen, während die Götter sich an den Früchten des Baums gütlich tun.

Buddha ging beispielsweise davon aus, dass unreflektiertes Reden wie Klatsch und Tratsch zu einer Wiedergeburt als Tier führt (alternativ zu einer als Mensch, der unbeachtet bleibt), und ein Leben voller Täuschungen und Hinterlist zu einer Wiedergeburt in verworrenen und unübersichtlichen Verhältnissen (z. B. in soziale Unruhen verstrickt zu sein oder auch in komplizierte familiäre Verhältnisse geboren zu werden).

Im letzten Kreis zeigt das Lebensrad **die zwölf wesentlichen Bausteine**, die eine Existenz gestalten. Das sind

1. **Unwissenheit**, dargestellt durch eine alte, blinde Frau

2. **Absicht**, etwas zu tun und zu gestalten, dargestellt durch einen Töpfer

3. Unruhiges **Bewusstsein**, dargestellt durch einen springenden und essenden Affen

4. **Körper und Geist** in der Wiedergeburt, dargestellt durch zwei Männer in einem Boot

5. Reich der **Sinne**, dargestellt durch ein Haus mit mehreren Fenstern

6. **Kontakt** mit den Dingen in der Welt, die man mit den Sinnen wahrnimmt, dargestellt durch ein Liebespaar

7. **Welt der Gefühle**, dargestellt durch einen Pfeil, der im Auge gelandet ist

8. **Begierde**, dargestellt durch einen Bier trinkenden Menschen

9. **Begierde**, die sich zur **Gier** und zur ungezügelten Leidenschaft auswächst, dargestellt durch den Griff nach einer reifen Frucht

10. Prozess des **Werdens**, dargestellt durch einen Zeugungsakt und eine schwangere Frau

11. **Geburt und Wiedergeburt**, dargestellt durch eine gebärende Frau

12. **Alter und Tod**, dargestellt durch eine Leiche, die zu ihrer Beerdigung gebracht wird

Meistens werden die einzelnen Stationen so interpretiert, dass die eine auf die andere folgt, und zwar chronologisch von 1 bis 12.

Ein Beispiel für menschliches Schicksal, in diesem Sinne interpretiert, ist: Jemand ist in einem Leben ein Dieb. Er stirbt, aber der Hang zum Stehlen bleibt nach dem physischen Tod präsent. Nun wird der Zyklus aktiviert:

1. Wiedergeburt im Zustand der **Unwissenheit**, denn der Hang zum Stehlen ist nicht reflektiert und nicht ausgelöscht.

2. Dieser Zustand führt zu der **Absicht**, auch in diesem Leben ein Dieb zu sein.

3. Im erwachsenen Menschen erwacht früher oder später das unruhige **Bewusstsein** darüber, dass er ein Dieb ist.

4. Er erkennt, dass er als Individuum **Körper und Geist** mit bestimmten Eigenschaften hat, darunter die, ein

Dieb zu sein. Ein Buddhist erkennt an dieser Stelle auch, dass er wiedergeboren wurde.

5. Der Mensch nimmt mit seinen **Sinnen** wahr, dass er stehlen möchte. Wahrscheinlich ist er in eine soziale Umgebung geboren worden, die das begünstigt. Er möchte etwas haben, das er nicht besitzt und mit seinen Sinnen begehrt.

6. Er kommt in **Kontakt** mit dem, was er haben möchte, indem er es stiehlt.

7. Er entwickelt ausgeprägte **Gefühle** dafür, wie es wäre, wenn er noch mehr hätte, was er allerdings stehlen müsste. Natürlich könnte das ins Auge gehen, wenn er erwischt wird.

8. Die **Begierde** zu den Dingen nimmt zu. Der Hang zum Stehlen wird immer größer.

9. Die **Begierde** verfestigt sich. Die Karriere als Dieb nimmt ihren Lauf.

10. Die Existenz als Dieb macht das ganze Leben aus, sein **Werden** hat sich vollständig zu dem Leben eines Diebs entwickelt.

11. Der Dieb hat **Geburt und die Wiedergeburt** als Dieb vollendet.

12. Als solcher erlebt er sein **Alter** und schließlich seinen
Tod.

Nun kann der **Kreislauf** von Neuem beginnen. Es kann aber
auch sein, dass er an einem Punkt unterbrochen wird. Zum Beispiel kann der Dieb ins Gefängnis kommen, was zu einem Wen-
depunkt in seinem Leben führt, oder er kann sich von seinen
Lebensverhältnissen radikal abwenden und das Stehlen unterlassen, vielleicht mit Hilfestellungen, die es in der Gesellschaft
gibt. Die Änderung, die von dem Leben als Dieb wegführt, ist
ein Bewusstwerdungsprozess. Er hat zur Folge, **nicht mehr als
Dieb wiedergeboren** zu werden.

Gleichzeitig geht der Buddhismus davon aus, dass jeder Mensch
verschiedene Stadien in seinem Leben durchläuft, die einen
Kreislauf darstellen und nach dem Lebensrad interpretiert werden können. Sie formen die **Persönlichkeit des Menschen** und
sind ein Teil seiner Identität. Das kann eine Ausbildung sein,
eine Beziehung oder eine andere Phase. Es kommt immer darauf an, sich bewusst zu machen, dass nichts für immer ist und
dass sich alles in einem Veränderungsprozess befindet. Diese
Bewusstheit ist die Voraussetzung, um schwierige Kreisläufe zu
verstehen und zu überwinden.

BUDDHA-WERDUNG

Es gibt auch die Möglichkeit, dass ein Mensch nach dem ersten Buddha ebenfalls ein Buddha wird. Buddha stellte sich mehrere Stationen vor, die jemand durchläuft, bevor er nach ihm ebenfalls zum Buddha wird. Zunächst muss er Freude daran haben, wieder in ein Leben einzutreten. Er kommt also in einem Mutterleib an und erlebt seine Geburt. Im richtigen Alter widmet er sich dem Studium der Kunst und des Handwerks. Dabei lebt er noch ein ausschweifendes Leben, z. B. in einem Palast, dessen er sich erfreut. Dann erkennt er die Notwendigkeit der Entsagung und lebt fortan asketisch. Er besucht den Ort der Erleuchtung des ersten Buddha, Bodhgaya, und lernt, verschiedene Hindernisse zu überwinden, z. B. die Versuchungen eines Gottes. Durch den rechten Pfad findet er zur Erleuchtung, sodass das Lebensrad sich für ihn dreht. Er geht nun ins „Pari-Nirwana", eine Vorstufe des Nirwana, ein.

SINN DES LEBENS IM BUDDHISMUS

Wie kann man aus diesen Voraussetzungen eine Vorstellung vom Sinn des Lebens ableiten? Gemessen am Lebensrad kann das nur sein, dem Kreislauf (also Samsara) zu entkommen, Erleuchtung zu erlangen und im Nirwana zu landen. Oft sahen Anhänger den Inhalt ihres Lebens darin, so viele Verdienste wie möglich zu erringen, sodass sie eine höhere Stufe bei der nächsten Inkarnation (Wiedergeburt) erreichen. Manche strebten auch eine **Wiedergeburt als Bodhisattva** an.

Ein **Bodhisattva** ist ein hoch entwickeltes, gottgleiches Wesen, das erleuchtet und daher dem Lebensrad entronnen ist. Es entschließt sich jedoch zu einer weiteren Wiedergeburt, um den Menschen zu ihrer Erleuchtung zu verhelfen. Alternativ kann es auch ohne Reinkarnation spirituell tätig werden und Gutes tun, indem es durch einen Menschen wirkt. Beispielsweise glauben viele Buddhisten, dass ein Bodhisattva durch den Dalai Lama wirkt.

Dass es erleuchtete Wesen gibt, die trotzdem eine Inkarnation verwirklichen, erklärt auch das Leben Buddhas. Sonst wäre es kaum verständlich, dass er in jungen Jahren erleuchtet war, aber weitere Jahrzehnte ein irdisches Dasein fristete, anstatt im vollendeten erleuchteten Zustand ins Nirwana einzuziehen.

In einem Zweig des Buddhismus, dem sog. Zen-Buddhismus, glaubt man, dass der Sinn des Lebens das Leben selbst ist. Das macht die Sache etwas einfacher. Man geht davon aus, dass jeder Mensch die Fähigkeiten und die Spiritualität Buddhas in sich trägt. Sobald man das erkannt hat, ist man schon auf gutem Weg zur Erleuchtung. Das Leben bekommt damit automatisch einen Sinn.

Viele Buddhisten fanden (und finden) den Sinn ihres Lebens darin, den Vorgaben Buddhas zu folgen. Diese bestehen allgemein darin, Mitgefühl und Großzügigkeit walten zu lassen, womit man sein Karma verbessert. Zurzeit Buddhas war das insofern einfach, als dass man immer eine Gelegenheit hatte, buddhistische Mönche und Klöster zu unterstützen, von Lebensmitteln wie Reis bis zu Grundstücken für neue Bauten. Doch auch arme Menschen und vor allem die Nachfolger brauchten Hinweise für ihre Verhaltensweisen. Buddha gab für alle die „Vier edlen Wahrheiten" mit auf den Lebensweg, die seine Weltanschauung grundlegend erklären. Diese Hinweise bildeten den Inhalt seiner ersten Rede nach seiner Erleuchtung. Sie waren es auch, die in ihrer Eigenschaft als **Prinzipien des Buddhismus** den Weg in die westliche Welt fanden und bis heute als grundlegende Lehre des Buddhismus gelten.

DIE „VIER EDLEN WAHRHEITEN" DES BUDDHISMUS

Der Buddhismus kennt vier grundlegende Wahrheiten, die sein Denken prägen.

Erste edle Wahrheit: Leiden

Das Leben eines Menschen wird meistens vom Leiden bestimmt, mindestens aber ist Leiden unvermeidbar. Das äußert sich besonders gut sichtbar im Alterungsprozess, in Krankheiten und im Sterben, aber auch in schmerzhaften Trennungsprozessen und weiteren leidvollen Erfahrungen. Es ist auch leidvoll, wenn eine glücklich machende Lebenssituation endet.

Zweite edle Wahrheit: Ursache des Leids
Die Ursachen für das menschliche Leiden liegen in den drei grundlegenden Übeln, die die Wurzel des geistigen Gifts darstellen. Es sind Gier, Hass und Verblendung.

Hier spielt eine Rolle, dass es typisch menschlich ist, etwas zu ersehnen, das man nicht hat. Dieses Verlangen ist ein Teil des Karmas, das zu einer erneuten Wiedergeburt führt, also der Erleuchtung entgegenwirkt. Das Verlangen aufzugeben ist also schon ein Meilenstein auf dem als richtig angesehenen Weg. Manche Überlieferung spricht statt von Gier von Wollust und statt von Hass von Neid. Alle Begierden führen jedenfalls zu Leid, u. U. auch zu verletzendem Verhalten gegenüber Mitmenschen. Buddha verurteilt an vielen Stellen Töten, Stehlen und sexuelle Gewalt.

Da der menschliche Geist, gedacht als Bewusstsein, nicht in der Lage ist, die Natur des Menschen richtig wahrzunehmen, bleibt der Mensch im Verlangen nach den Dingen, die er nicht hat, oder nach Zuständen, die er nicht verwirklichen kann, verhaftet. Daraus entstehen negative Emotionen. So sind nicht nur Hass und Neid zu erklären, sondern auch Geiz und Eifersucht. Der

Mensch ist für die Verblendung, also Einengung, seines Geistes/Bewusstseins verantwortlich, denn er verfügt über die Mittel, für die Ausweitung seines diesbezüglichen Horizonts zu sorgen.

Dritte edle Wahrheit: Leid kann aufhören
Wenn das Bewusstsein sich erweitert und damit die Verblendung zurückgeht, werden verwirrende Gefühle zur Ruhe gebracht. Der Mensch weiß, dass seine Gefühle und Gedanken sich zwar in seinem Körper äußern, aber nicht der Körper sind. Sie stehen für sich selbst und können sich entfalten. Das löst Befreiung aus, was wiederum zu Klarheit führt, und zwar in der Wahrnehmung und Einordnung der Gedanken und Gefühle. Das ist wiederum die Grundlage für Klarheit in Handlungen.

Der Rückgang der Verblendung ist ein guter Weg, den viele Buddhisten auch nach ihren eigenen Vorstellungen erreichen und deshalb weniger leiden. Die höchste Stufe ist die Erleuchtung, die weit weniger Menschen erreichen, doch einige kommen fast dahin. Der sich erleuchtende Mensch ist in vollem, echtem Mitgefühl (im Sinne von Empathie, nicht von Mitleid) für alle Wesen, erfüllt von Güte und Weisheit und kümmert sich nicht um seiner selbst willen um andere, sondern weil das der Kern seines Wesens ist. Sein eigenes Leid hört damit auf.

Vierte edle Wahrheit: Es gibt einen Weg, das Ende des Leids zu erreichen.

Um Leid zu vermeiden und sich korrekt zu verhalten, gab Buddha praktische Hilfen. Sie sind als die vierte edle Wahrheit im **„Edlen achtfachen Pfad"** zusammengefasst. Er beinhaltet folgende Vorstellungen:

„Edler achtfacher Pfad" des Buddhismus

1. Rechte Erkenntnis

Die richtige Erkenntnis heißt, dass der Mensch sich der Endlichkeit des Seins bewusst ist. Die Unzufriedenheit und das Leid im Leben bestehen darin, dass ein Mensch sich als ein abgegrenztes Individuum versteht. Er spürt die Einheit, die ihn mit allen Menschen und überhaupt allem, was bis zum Universum hin existiert, nicht. Deshalb kommen die negativen Gefühle auf, die ihn von den anderen abgrenzen und zu den drei Grundübeln führen. Sobald er sich diesen Zusammenhang erschlossen hat, hat er die richtige Erkenntnis.

2. Rechte Absicht

Die richtige Absicht bedeutet, gute Gedanken und Wünsche (im heutigen Sinne umfassende Empathie) für andere Menschen bewusst zu pflegen. Hass, Ärger, Wut, Gier und Begierde sollen vermieden werden, denn sie begründen Leid. Beides gehört zusammen.

3. Rechte Rede

Die richtige Rede bedeutet, im Gespräch mit anderen Menschen Einfühlsamkeit und Freundlichkeit walten zu lassen. Die andere Seite der Medaille ist, wie bei der rechten Absicht, falsches Verhalten im Gespräch zu vermeiden. Dazu gehören Beleidigungen, üble Nachrede, Klatsch und Tratsch, Lügen und verbale Grobheiten.

4. Rechtes Handeln

Richtiges Handeln heißt, unkorrekte Handlungen zu vermeiden. An erster Stelle stehen die Verbote von Töten, Stehlen, Lügen und dem Gebrauch von (heutzutage) bewusstseinsverändernden Substanzen (im Original heißt es „berauschende" Substanzen). Außerdem geht es um das Vermeiden von sexuellen Verfehlungen, worunter auch Ehebruch fällt. Handlungen sollen immer von gegenseitigem Respekt, Ehrlichkeit und Einfühlung geprägt sein. Auch Selbstbeherrschung gehört dazu.

5. Rechter Lebensunterhalt

Der richtige Lebensunterhalt ist dann gegeben, wenn niemand anderes dadurch ausgebeutet, ausgenutzt oder übervorteilt wird. Viel Geld soll kein Motiv sein, etwas zu tun. Wenn man für seinen Lebensunterhalt sorgt, soll man damit gleichzeitig etwas für andere tun.

6. Rechte Übung

Die buddhistische Lebensweise ist nicht einfach und erfordert bewusstes Arbeiten daran. Man braucht Möglichkeiten, die richtige Einstellung zu finden. Wenn – im buddhistische Sinne – falsche Gedanken oder Gefühle auftreten, kann man verschieden damit umgehen. Man kann sie ignorieren, man kann ihnen auf den Grund gehen und die Ursachen erkennen, und man kann sich die schlimmen Folgen vorstellen, die falsches Verhalten nach sich zieht (hier spielt die Vorstellung eine große Rolle, welches Karma man erzeugt und wo man wiedergeboren werden möchte). Gleichzeitig kann man konsequent daran arbeiten, seinen Geist positiv für die buddhistische Lebensführung zu schulen, z. B. durch Meditation. Eine weitere Möglichkeit ist, sein Umfeld zu ändern (man kann sich unvorteilhafter Gesellschaft entziehen und natürlich auch in eine buddhistische Gemeinschaft oder ein Kloster gehen).

7. Rechte Achtsamkeit

Die richtige Achtsamkeit bedeutet, sich seiner Taten bewusst zu sein. Doch auch die Gefühle und Gedanken soll man sich dabei bewusst machen. Das soll dazu führen, dass man nicht die Kontrolle über seine Handlungen verliert, weshalb sie immer moralisch verantwortbar sind. Darüber hinaus soll man sich auch der Existenz der ganzen Welt bewusst sein.

8. Rechte Konzentration

Die richtige Konzentration in reiner Form ist die Meditation. In ihr schließt man jegliche Ablenkung aus, vermeidet Gefühle wie Hass, Neid usw. und kommt zur inneren Ruhe und Ausgeglichenheit. In der Meditation kann man darüber hinaus wichtige Erkenntnisse und Einsichten gewinnen.

HARMONIE IM LEBEN

Die einzelnen Stationen des achtfachen Pfads bauen nicht aufeinander auf. Man kann jede Einzelne für sich anstreben und zu verwirklichen suchen. Dass alle acht auf einmal zu realisieren sind, glaubte selbst Buddha nicht. Auch die Mönche seiner Zeit hatten immer wieder von ihren Vergehen zu berichten. Buddha war sehr bewusst, dass nicht jeder zur Erleuchtung kommen würde, er war aber davon überzeugt, dass schon teilweises Befolgen seiner moralischen Forderungen zur Harmonie im sozialen Leben und zur inneren Einheit der Gesellschaft beitragen würde.

Buddha ermutigte seine Schüler dazu, Gefühle zu entwickeln und zu fördern, die **dem einzelnen Menschen** wie gleichzeitig **seinen Mitmenschen guttun**. Das ist in erster Linie die **Liebe**. Eine liebevolle Grundeinstellung gegenüber den Mitmenschen führt auch zu der Fähigkeit des Mitgefühls. Doch auch Freude, die man mit anderen teilt, empfiehlt Buddha, ebenso wie eine große Portion Gelassenheit – nicht zu verwechseln mit Gleichgültigkeit. Gelassenheit führt zu Geduld, die man mit sich selbst und mit anderen hat. Der Weg zur Erleuchtung wird ergänzt durch Weisheit. Der weise Mensch erkennt, dass er selbst, alle Menschen und Dinge in der Welt sowie alle Taten Teile eines großen Ganzen und daher miteinander verbunden sind. In diesem Sinne ist alles Eins. Diese Weisheit wird allerdings erst dann erkannt, wenn der Mensch es vorher gelernt hat, alles voneinander zu unterscheiden. Seine Gedanken und Gefühle sind nicht sein Körper, und sie sind schon gar nicht die eines anderen. Der Weg ist die Meditation, die das eigene Bewusstsein von seiner Beschränktheit (Verblendung) befreit und die entsprechenden Wahrnehmungen und Erkenntnisse ermöglicht.

DIE „DREI JUWELEN" DES BUDDHISMUS

Die Prinzipien des Buddhismus werden „Drei Juwelen" genannt. Es sind

1. **Buddha**. Der Begriff meint den ersten Buddha selbst. Er ist das große Vorbild für die Erleuchtung. Der Begriff schließt aber auch alle nachfolgenden Buddhas und Bodhisattvas ein. Er steht weiterhin dafür, dass jeder Mensch erleuchtet werden kann.

2. **Dharma** (Bedeutung: Lehre). Der Begriff meint die Lehren des Buddha. Sie sind auf die reale Existenz eines Menschen in der Welt gerichtet und sollen ihm dazu verhelfen, sein Leid zu verringern. Sie sind als konkreter Wegweiser gedacht, nicht als theoretischer Überbau.

3. **Sangha** (Bedeutung: Gemeinde). Der Buddhismus versteht sich nicht als Religion, sondern als Hilfestellung für die Art und Weise, wie man sein Leben gestaltet. Er ist

gleichermaßen eine Lebensauffassung und Lebensweise. Man kann ihn nur verwirklichen, indem man ihn lebt. Deshalb sind Weggefährten wichtig. Diejenigen, die sich auf der Suche nach der Erleuchtung befinden, bilden eine Gemeinschaft. Das bezieht sich nicht nur auf Klöster, sondern auch auf jede Art von Verbindung zwischen Buddhisten, z. B. buddhistische Gruppen.

Ein Buddhist ist, wer sein Leben auf der Basis der „Drei Juwelen" ausrichtet. Er kann als Mönch oder als Laie leben, und zwar in einem Kloster, in einer nicht-klösterlichen Gemeinschaft wie einer Familie oder allein. Er kann die Lehre Buddhas als Dozent verbreiten oder eine Hilfsorganisation unterstützen. Den typischen Buddhisten gibt es heute nicht mehr. Es kann durchaus sein, dass man es mit einem zu tun hat, ohne es zu erkennen, zumal strenge Regeln wie „kein Alkohol" heute von vielen nicht mehr eingehalten werden, geschweige denn sexuelle Enthaltsamkeit oder Treue.

RITUALE DES BUDDHISMUS

Die ersten Symbole, die sich im Buddhismus entwickelten, sind Fußabdrücke Buddhas, gehauen in Stein. Oft sind sie übergroß und enthalten eingestanzte Zeichen wie das **Dharma-Rad oder Dharma-Chakra**. Dieses wurde schnell zu einem grundlegenden Symbol. Es besteht aus einem Rad mit acht Speichen und symbolisiert den Edlen achtfachen Pfad sowie die rasche spirituelle Veränderung, die das Befolgen der Lehre Buddhas hervorruft. Zugleich weist es auf die wiederholte Folge von Geburt und Wiedergeburt hin. In den ersten Jahrhunderten nach Buddha war es weit verbreitet, und heute hat es auch wieder einen festen Platz in der buddhistischen Kunst.

Bis heute werden **Buddha-Figuren** in jeder Form und Größe kreiert, allerdings in aller Regel mit einem dicken Bauch, den er schon wegen seines asketischen Lebenswandels nicht hatte. Diese Darstellung beruht entweder darauf, dass man in China an den fetten **Gott Hotei** glaubte, den man in den Anfängen des Buddhismus zuweilen mit Buddha verwechselte, oder darauf, dass die Figuren in China entstanden, wo man einen wohlgenährten Bauch als Zeichen von Weisheit und Güte hielt.

Buddha wurde in frühen Zeiten auch als Löwenstatue dargestellt, was seine große Bedeutung zeigen sollte. In frühen buddhistischen Texten (vor allem im sog. „Kleinen Weg") wird erklärt, dass **er 32 außergewöhnliche Merkmale** hat, darunter

Kinnbacken wie ein Löwe, eine goldene Hautfarbe, eingravierte Räder mit tausend Speichen auf den Fußsohlen, vierzig Zähne, Geschlechtsteile in Hüllen und eine riesige Zunge. Es wird berichtet, dass ein Brahmane nicht glaubte, Buddha vor sich zu haben, weil er zwei Merkmale noch nicht gesehen hatte. Darauf ließ Buddha ihn seine Geschlechtsorgane sehen, die er aus einer Hülle hervorholte, und bedeckte mit seiner übergroßen Zunge seine Ohren, Nase und Stirn. Nach dieser Demonstration folgte der Brahmane ihm zeit seines Lebens als buddhistischer Laie.

Mandalas sind ursprünglich buddhistische Symbole und erfreuen sich bis heute weiter Verbreitung. Bei einem Mandala handelt es sich um die zweidimensionale Darstellung eines kosmischen Prinzips in verkleinerter Form. Die Grundstruktur bildet ein Kreis, in dem mit runden Formen kosmische Zugänge dargestellt werden. Sie sind symmetrisch angeordnet. Mandalas haben einen festen Platz in Ausmalbüchern.

Die **Robe eines Mönchs** gilt grundsätzlich als heilig. Die verschiedenen Buddhismus-Richtungen berufen sich darauf, dass ihre Mönche Roben tragen, die auf Buddha zurückgehen, doch die Kleidungsstücke haben verschiedene Muster.

In manchen Ländern, z. B. Tibet, sind sog. **Thangkas** verbreitet. Das sind Rollbilder, die Buddhas oder buddhistische Symbole und Szenerien zeigen. Sie werden in Tempeln und bei Festlichkeiten präsentiert.

Buddhistische Rituale sind ebenso unterschiedlich wie die konkrete Anwendung der buddhistischen Lehre in verschiedenen Gebieten. In vielen ostasiatischen Ländern nutzen die Buddhisten **Neujahr**, das ohnehin gefeiert wird, ebenfalls als großen Festtag. Beispielsweise besuchen sie in China dann ihre Familien, und in Japan läuten sie die Glocken ihrer Tempel 108 Mal, was viele Anhänger vor Ort miterleben und teilweise auch im Fernsehen übertragen wird. So sollen die 108 bestehenden Begierden vertrieben werden, damit sie im neuen Jahr nicht wirken können.

Der **Geburtstag des ersten Buddha** ist Anlass für eine große Feier, wird aber an verschiedenen Daten zelebriert, weil über den korrekten Tag keine Einigkeit besteht. Manche Tempel präsentieren eine Buddha-Statue, an der Wasser oder eine besondere Teesorte zur Verfügung steht, andere bieten kostenlose vegetarische Mahlzeiten an. Viele Buddhisten spenden an diesem Tag für wohltätige Zwecke, manche retten Tiere vor dem Tod. In Südkorea gibt es den buddhistischen Brauch, auf den Tempelgeländen Laternen aneinanderzuhängen. Die Mönche schreiben Namen von Besuchern auf geweihtes Papier, das sie einer Laterne anheften. Der Namensinhaber darf dann eine Kerze erwerben und sie in der Laterne anzünden.

Manche buddhistischen Gemeinschaften feiern dagegen den Tag der Erleuchtung oder den Todestag Buddhas.

BUDDHISMUS HEUTE

Auch die heutigen buddhistischen Mönche folgen den Drei Juwelen. Für sie gelten die grundlegenden Regeln, die **Silas** genannt werden, nicht zu töten, stehlen, lügen, Drogen, Alkohol usw. zu sich zu nehmen und sexuell aktiv zu sein (eine Ausnahme davon gibt es in Japan und Korea, wo Mönche heiraten dürfen). Weitere Regularien, die ihren Tagesablauf strukturieren, sind wiederum sehr verschieden. Doch die Mönche müssen Schwüre leisten, ihnen zu folgen. Es gibt Vorschriften, wann besonders intensiv zu meditieren ist, dass den vorgesetzten Mönchen zu folgen ist und dass Novizen bestimmte Themen zu erlernen haben.

Viele Familien, vor allem in Japan, haben einen Altar mit Buddha-Statuen und buddhistischen Objekten. Hier hinterlassen sie Opfergaben und gedenken der Ahnen. Buddhistische Mönche sind in vielen Ländern gefragt, um rituelle Bestattungen durchzuführen.

Laien-Buddhisten leisten ebenfalls die grundlegenden Schwüre für ein rechtes Leben, deren Einhaltung zu Verdiensten und gutem Karma führt. Sie können weitere Schwüre leisten. Gern schwört man einem Bodhisattva, dass man seinen Tempel besuchen oder zu ihm pilgern wird, sobald er jemanden gesund werden ließ. Schwüre zu brechen erzeugt ein schlimmeres Karma, als sie nicht geleistet zu haben.

Auch viele Laien nehmen sich morgens einen Ausspruch Buddhas zu Herzen, den er seinen Anhängern zur Befolgung mit auf den Weg gab (sinngemäß):

„Ich will die Wahrheit sagen. Ich will Ungerechtigkeiten nicht dulden. Ich will nicht ängstlich sein. Ich will keine Gewalt anwenden. Ich will in jedem Menschen als Erstes das Gute sehen.“

Die **Meditation** ist die am meisten praktizierte konkrete Anwendung des Buddhismus mit der Zielsetzung, zu innerem Frieden, Ausgeglichenheit, Ruhen des Geistes und im Idealfall zu Erkenntnissen zu verhelfen. Man soll sich einen ungestörten Ort suchen, an dem man vom Telefon und Ähnlichem nicht abgelenkt wird. Es gibt spezielle Meditationskissen, auf denen man mit gekreuzten Beinen sitzt oder kniet und den Rücken gerade hält. Die Hände werden auf den Oberschenkeln abgelegt oder gefaltet. Die Augen werden geschlossen oder auf einen Punkt fixiert. Dann konzentriert man sich auf seinen Atem, was die Gedanken ablenkt und dazu führt, dass man sich mit dem Bewusstsein völlig im Hier und Jetzt befindet. Gedanken, die auftauchen, lässt man wie Wolken wieder wegziehen. Sobald man merkt, dass man sich auf sie einlässt, geht man wieder zurück zum Beobachten des Atems. Man beginnt mit fünf Minuten und steigert dann die Zeit. Ein geübter Buddhist meditiert mindestens eine halbe Stunde täglich. Die Praxis der Meditation hat schon längst Eingang in andere Überzeugungen, Weltanschauungen, Lebenshilfen und Therapien gefunden, ebenso wie das Ausmalen von Mandalas, das Anwenden von persönlichen Glaubenssätzen in der Art von Mantras und nicht zuletzt die Idee der Achtsamkeit.

DAS FRAUENBILD IM BUDDHISMUS

Das Frauenbild des Buddhismus ist von der Rollenverteilung der Geschlechter in der Gesellschaft geprägt. Buddha wehrte sich lange dagegen, Frauen in die Sangha, die buddhistische Gemeinschaft, aufzunehmen. Die Mönche lehnten Frauen ab, weil sie sie als Versuchung ansahen, gegen den Schwur des Zölibats zu verstoßen. Unter den Frauen, die Buddha folgten, war auch seine Stiefmutter und Tante, **Königin Mahapajapati**, die einige Male um Aufnahme in den buddhistischen Orden bat und jedes Mal abgewiesen wurde. Auch dass sie sich den Kopf kahl schor und eine Mönchsrobe anzog, konnte Buddha nicht erweichen. Erst wenige Jahre vor seinem Tod folgte er dem Drängen seines Cousins und treuen Gefolgsmanns Ananda und ließ Frauen als buddhistische Nonnen zu, nicht ohne seine Befürchtung zu äußern, dass er damit wohl die Zeitspanne, die man seiner Lehre folgen würde, merklich verringerte, vermutlich um 50 % (statt 100 Jahre nur noch die Hälfte). Er erließ weitere Regeln, die die Nonnen deutlich stärker einschränkten als die Mönche. Wie in der Gesellschaft auch, wurden die Frauen den Männern grundsätzlich untergeordnet.

Für viele Frauen war der buddhistische Orden eine **Zuflucht**. Es handelte sich oft um Menschen, die in der Gesellschaft keinen mehr Platz fanden, vor allem Witwen oder unverheiratete Frauen. Auch Kurtisanen waren darunter sowie Ehefrauen, deren Männer sie verlassen hatten, um Mönch zu werden. Viele Frauen wollten sich intensiv dem Studium der buddhistischen Texte widmen, was ihnen nur als Nonne möglich war, und viele wollten die Spiritualität, die sie im Buddhismus fanden, so intensiv wie möglich leben. Unter den Frauen befanden sich Töchter aus reichem Hause, die sich gegen die sozialen Normen und Rollenverteilungen zur Wehr setzten. Manche gingen so weit, sich zu verunstalten, um ihre Familie verlassen und Nonne werden zu dürfen.

Die Nonnen hatten gegenüber den Mönchen weniger Rechte. So durften sie nicht allein auf Wanderschaft gehen. Eine Nonne durfte keinem Mönch Verfehlungen vorhalten, was Mönchen gegenüber Nonnen gestattet war. Sie musste einen frisch ordinierten Mönch mit Ehrfurcht grüßen, unabhängig davon, wie lange sie selbst schon im Orden war. Und wären das 100 Jahre länger, hielt eine Regel ausdrücklich fest. Buddhas Stiefmutter bat darum, sie dahingehend zu ändern, dass die länger ordinierte Person die kürzer ordinierte in dieser Weise zu grüßen hätte, doch Buddha gab der Bitte nicht nach.

In jedem Fall unterstützten viele Frauen, auch wenn sie Laien blieben, Buddha und seine Gefolgschaft tatkräftig, schon allein durch Versorgung mit Nahrungsmitteln.

Buddha machte sich Gedanken darüber, ob Frauen zur Erleuchtung fähig wären. In manchen Texten geht man davon aus, dass er es für möglich hielt. Andere frühe Texte sagen, dass **Frauen**

erst als Männer wiedergeboren werden müssen, bevor sie erleuchtet werden können. (In manchen Gegenden geht man heute noch davon aus, z. B. in Teilen Tibets.) Sie stellen Frauen als Wesen dar, die zu meiden sind und bestenfalls zur Verführung dienen, was wiederum im buddhistischen Sinne nicht gewünscht wird. Der weibliche Körper wird als **Quelle von Unreinheiten** angesehen, vom Gebären über den Geschlechtsverkehr bis zur Menstruation. Frauen gehören in manchen Schriften zu dem Leiden, das es zu überwinden gilt, z. B. (sinngemäß): „Gibt man den Frauen nach, die die Grundlage allen Übels sind, dann vermehrt sich das Böse." Trotzdem wird von Buddhas Stiefmutter berichtet, dass sie ein(e) **Arhat** wurde. Das ist ein erleuchteter Mensch, der keine Wiedergeburt mehr zu erfahren braucht.

Allgemein wurden Nonnenklöster strenger reguliert als Mönchsklöster. Während man in späteren Zeiten Mönchen sowohl homosexuelle Beziehungen untereinander wie heterosexuelle Beziehungen mit außenstehenden Frauen durchgehen ließ oder sogar bewusst ignorierte, war den **Nonnen sexuelle Aktivität streng verboten** und wurde hart bestraft. Es gibt Länder, z. B. Japan und Südkorea, in denen männliche buddhistische Priester heiraten dürfen, weibliche jedoch nicht. Die Priesterweihe selbst ist in manchen buddhistischen Gemeinschaften üblich, um bestimmte Rituale durchzuführen, in anderen wiederum nicht.

Da die Frauen geringer geschätzt wurden, unterstützte die Bevölkerung die Nonnenklöster weit weniger als die Mönchsklöster. Das führte im Laufe der Zeit dazu, dass es in Indien immer weniger Frauenklöster gab, weil die Nonnen ihren Lebensunterhalt nicht bestreiten konnten und keine Gebäude zur Verfügung hatten. In den ersten Jahrhunderten nach Buddha akzeptierte man die Existenz von weiblichen Bodhisattvas, die jedoch den männlichen immer untergeordnet blieben und weniger wert waren. Daher konnten sie nie die vollendete Erleuchtung erfahren, bevor sie nicht als Mann inkarnierten. Einige Jahrhunderte nach Christus räumte man den Frauen im buddhistischen Tibet mehr Wertschätzung ein. Man verband **Weiblichkeit mit Weisheit und Erkenntnis**, während man **Männlichkeit einem kenntnisreichen Einsatz von Mitteln und energievollen Taten** zuordnete. Doch auch hier wurde die weibliche Wiedergeburt niedriger eingestuft.

In den folgenden Jahrhunderten entwickelten sich, wie im gesamten Buddhismus, **unterschiedliche Richtungen**, wie man Frauen in den Buddhismus integrierte oder sie weiterhin ausschloss. Im Zuge der Gleichberechtigung, die im 20. Jahrhundert ebenso wie der Buddhismus in der westlichen Welt immer mehr Anhänger fand, wurden Frauen bald im Orden akzeptiert. In fernöstlichen Länder, in denen der Buddhismus seit Jahrhunderten bestand, blieben Frauen aber weiterhin aus vielen Belangen ausgeschlossen. Beispielsweise sind alle Dalai Lamas, die höchsten buddhistischen Meister und immer als Bodhisattvas gedacht, bis heute nur Männer.

Noch kurz vor der Jahrtausendwende widersetzten sich Mönche in **Sri Lanka** ordinierungswilligen Frauen, die daraufhin nach Amerika reisten und sich dort ordinieren ließen, und zwar von Buddhisten aus Taiwan. Andere reisten nicht so weit und wurden in Südkorea zu Nonnen. Daraufhin öffnete man sich in Sri Lanka den Frauenklöstern (erneut, denn es war in der Vergangenheit schon einmal erlaubt). In Taiwan gibt es verhältnismäßig die meisten Frauenklöster, weit mehr als Männerklöster. In ihnen leben viele Nonnen, die als Künstlerinnen, Erzieherinnen und Lehrerinnen tätig sind. Außerdem leisten sie soziale Dienste auf ehrenamtlicher Basis.

In **Thailand** dagegen ist es Frauen nach einem Erlass aus dem Jahr 1928 verboten, als buddhistische Nonnen ordiniert zu werden. Im Januar des Jahres 2019 protestierten mehrere Frauen dagegen öffentlich, angeführt **von Boodsabann Chanthawong**, die dadurch international bekannt wurde. Sie zog mit einer Gefolgschaft von zwanzig Mitstreiterinnen vor die Kapelle in einem Mönchskloster, wo eine Zeremonie anstand. Dort zerriss sie ihre typische Frauenkleidung und streifte sich die für Mönche übliche gelbe Robe über, mit den Worten (sinngemäß): „Ich bin entschlossen, dieses Hindernis hier zu überwinden und ordiniert zu werden, wie ich es immer angestrebt habe." Daraufhin wurde ihr

Kopf kahl geschoren und sie durfte neun Tage lang im Kloster bleiben.

In **thailändischen Klöstern** dürfen Frauen zwar Nonnen, nicht aber ordiniert werden. Sie müssen weiße Kleidung tragen und in erster Linie den Haushalt für die Mönche führen. Viele reisen daher nach Amerika, um dort ordiniert zu werden. Dadurch leben heute ca. 300 ordinierte buddhistischen Nonnen in Thailand. Vor allem im westlichen Buddhismus spielt die Geschlechterzugehörigkeit keine Rolle mehr. Man geht davon aus, dass die Lehre selbst weder männlich noch weiblich ist und jeder Mensch Leid überwinden kann. Wer erkennt, dass Form und Leere ineinander übergehen, hat ohnehin alle Unterschiede überwunden.

DIE RICHTUNGEN DES BUDDHISMUS

DIE DREI HAUPTRICHTUNGEN

Die Lehre Buddhas entwickelte sich im Wesentlichen in drei Richtungen:

- **Theravada,** oft auch als „Kleiner Weg" oder „Kleines Fahrzeug" bezeichnet. Es ist die Form, die sich am stärksten auf die Lehrform Buddhas beruft. Sie geht davon aus, dass man erst nach vielen Inkarnationen, jeweils als Mönch, Erleuchtung erlangen kann. Leiden soll so gut wie möglich vermieden werden, denn das Einhalten der entsprechenden Vorschriften führt ja zu gutem Karma. Daher spielen Klöster und das Leben als Mönch hier eine große Rolle. Dieser Buddhismus ist heute vorwiegend in Kambodscha, Laos, Myanmar, Sri Lanka und Thailand verbreitet.

- **Mahayana**, oft auch als „Großer Weg" oder „Großes Fahrzeug" bezeichnet. Dieser Weg hat die Erleuchtung in dem Leben zum Ziel, das man gerade führt. Mit seinem Handeln soll man nicht nur für sich, sondern auch für andere sorgen. Im Mittelpunkt stehen einerseits Empathie und Liebe, andererseits auch das Studieren von Schriften. Dieser Buddhismus ist heute vorwiegend in

Bhutan, China, Japan, Südkorea, Tibet und Taiwan verbreitet.

● Aus dem Mahayana-Buddhismus hat sich der **Vajrayana-Buddhismus** entwickelt. Er vertraut auf die Fähigkeiten eines Menschen, zur Erleuchtung zu finden, und betont das Meditieren und viele Rituale. Er ist vor allem in Tibet, aber auch in Nepal und Bhutan verbreitet.

In Indien ging der Buddhismus seit dem 12. Jahrhundert enorm zurück, was u. a. dem Erstarken des Hinduismus geschuldet war. Erst seit dem letzten Jahrhundert kehrt er wieder spürbar in sein Ursprungsland zurück, vor allem durch westlichen Einfluss.

DER ZEN-BUDDHISMUS

Im sechsten Jahrhundert entstand der **Zen-Buddhismus**, der vor allem in Japan verbreitet ist und sich stark am Mahayana-Buddhismus orientiert. Eine Besonderheit ist die Tee-Zeremonie, die das Zubereiten des Tees als meditative Handlung zelebriert. Außerdem nutzt sie sog. **Koans**, um dem Buddhismus-Schüler zu Erkenntnissen und Hilfestellungen auf dem Weg zur Erleuchtung zu verhelfen. Der Meister stellt ihm eine Frage, die mit dem Verstand nicht zu beantworten ist. Oft findet der Schüler die Antwort erst nach vielen Meditationen und Reflexionen mit seinem Meister. Typische – heute oft verwendete – Koans sind: „Wer bin ich?" und „Wer ist der andere?". Ein berühmter alter Koan Buddhas ist die Frage, wie man mit einer Hand klatscht. Ein typisches Zen-Gedicht besagt:

„Wenn du ‚Es' verstehst, dann sind alle Dinge eins.
Wenn nicht, sind sie alle verschieden.
Wenn du ‚Es' nicht verstehst, sind alle Dinge eins.
Wenn ja, dann sind sie verschieden."

Damit soll ausgedrückt werden, dass alles, was man wahrnehmen kann, im Grunde eins ist und aus einer einzigen Quelle stammt. Man muss aber beide Wahrnehmungen erleben, die Verschiedenheit der Dinge in der Welt und ihre Einheit (was durch Meditation möglich werden soll), wobei man jedoch jeweils nur einen der Zustände spürt. Im buddhistischen Sinne hat man „Es" damit noch nicht erkannt. Dieses Phänomen mit allen Sinnen, und darüber hinaus in transzendenter Form durch Meditation zu erfassen, bedeutet schon fast die Erleuchtung. Die Gespaltenheit betrifft Einheit und Verschiedenheit, aber auch eine Existenz, die man wahrnimmt und eine Existenz jenseits der Wahrnehmung. Diese Vorstellung findet in einer scherzhaften Feststellung Ausdruck: Für eine Zen-Zeremonie braucht man zwei Zen-Priester, nämlich einen, der sie durchführt, und einen, der sie nicht durchführt.

BUDDHISMUS IN DER GESELLSCHAFT

Trotz unterschiedlicher Richtungen des Buddhismus und ganz verschiedener Organisationsformen sowie Differenzen in Fragen der Frauen-Ordination ist und bleibt das zentrale Anliegen dieser Philosophie, Frieden und Harmonie unter den Menschen zu fördern. Sie geht sogar noch weiter und intendiert **Frieden auf der Welt** und letztlich Harmonie mit allem, was ist, bis hin zum Kosmos. Das gilt für Menschen, Tiere, Pflanzen und alle Existenzen, und es gilt für die Lebenden wie für die Toten.

Der Buddhismus brachte viele Menschen zum Nachdenken und mehrere zur Änderung ihrer Lebensweise. Ein Beispiel ist **Ashoka**, ein Herrscher Indiens im 3. Jahrhundert v. Chr. Er war als brutaler Eroberer bekannt. Doch als er eines Tages durch eine Stadt ging, die seine Soldaten zerstört hatten, überkamen ihn Mitgefühl und Reue. Nach einer Legende begegnete ihm ein buddhistischer Mönch, der das Mantra „Ich nehme Zuflucht zu Buddha" sprach. Ob dies nun zutrifft oder nicht, jedenfalls hielt Ashoka eine große Rede, in der er u. a. (sinngemäß) sagte: „Was habe ich getan? Ist es mutig, unschuldige Frauen und Kinder zu töten? Hatte ich einen Sieg (gemeint ist: faktisch) oder eine Niederlage (gemeint ist: moralisch)?" Er wurde zu einem überzeugten Buddhisten und erließ Edikte, in denen er für Respekt gegenüber Älteren, Lehrern, Asketen, Brahmanen, Dienern und anderen eintrat. Zudem forderte er alle zum tugendhaften Leben auf und sorgte selbst besser für seine Untertanen, indem er

Obstbäume anpflanzen und Brunnen graben ließ. Gleichzeitig unterstützte er buddhistische Klöster.

Buddha strebte keinen politischen Einfluss an, aber er hatte eine Vorstellung davon, dass Regierungen ihren Untertanen verpflichtet waren und sie gerecht zu behandeln hatten, wobei alle bestehenden Gesetze für alle Menschen in allen Kasten ebenso galten wie für die Machthaber selbst.

Über die Jahrhunderte wurde der Buddhismus verschieden angewandt. In Japan gab es eine Ära der Herrschaft von Shogunen, die dem **Kriegsadel der Samurai** entstammten. Sie nutzten den Buddhismus u. a. dazu, Selbstdisziplin zu entwickeln und auch, um bessere Krieger zu werden. Zahlreiche buddhistische Mönche engagierten sich in kriegerischen Auseinandersetzungen, wobei sie sich auf Gerechtigkeit beriefen.

In **China** war der Buddhismus im 20. Jahrhundert nicht mehr gern gesehen, die kommunistische Regierung ließ viele Tempel zerstören. Sie brachte auch Tibet unter ihre Kontrolle, sodass der dort ansässige **Dalai Lama** ins Ausland floh. Heute lebt er, wie Tausende Exiltibeter, in Indien.

In mehreren Ländern mischten Buddhisten sich in politische Auseinandersetzungen ein, z. B. in Kambodscha und Sri Lanka. Am Vietnamkrieg nahmen einige Buddhisten freiwillig für ihr Land teil.

UNTERSCHIEDE DES BUDDHISMUS ZUM HINDUISMUS

Viele Menschen, die sich wenig mit fernöstlicher Philosophie beschäftigt haben, verwechseln die beiden Richtungen. Doch der **Hinduismus** kann eindeutig als Religion bezeichnet werden.

Der Hinduismus kennt keinen speziellen Gründer, er stützt sich auf die Überlieferungen der Veden, die er für göttlich hält. Er gehört zu den ältesten Religionen der Welt, viele Hinduisten bezeichnen ihn als die Mutter aller Religionen. Die frühesten Texte finden sich, wie die buddhistischen, in Indien. Die wichtigsten Lehren sind in den **Upanishaden** zusammengefasst, der wichtigste heilige Text ist die **Bhagavadgita**.

Während Buddha ausdrücklich nicht daran glaubte, dass das Universum von einem mächtigen Gott erschaffen wurde, hat der Hinduismus eine Vielzahl an Göttern, die jedoch alle Teil des höchsten Wesens, **Brahman**, sind. Sie zeigen sich mit unterschiedlichen Merkmalen. Manche tragen beispielsweise einen Totenkopf, andere einen Rüssel. Brahman verbindet sich bei einer Erleuchtung mit **Atman**, der einen unsterblichen, ewigen Geist im Sinne einer Seele repräsentiert. Die Seele eines Menschen ist Teil dieser Weltseele. Buddha glaubte eine Zeit lang an Atman, doch nach seiner Erleuchtung trennte er sich von der Vorstellung.

Der Hinduismus favorisiert neben der **Meditation** auch weitere Methoden zur Kontemplation. Die Menschen erzeugen mit ihren Taten ebenfalls **Karma**, sie sollen Gutes tun und ihr Wissen erweitern. Die Religion legt Wert auf Opfergaben in Tempeln, darunter Feueropfer, und Anbetung der Götter in der religiösen Gemeinschaft. Die Hinduisten glauben ebenfalls, dass es so lange Wiedergeburten gibt, bis die Erleuchtung gewonnen wird. Bei ihnen steht im Vordergrund, dass dieses Erleuchtet-Werden eine Erlösung bedeutet, die von den Wiedergeburten befreit, während es Buddha mehr darauf ankam, im irdischen Leben weniger zu leiden. Er unterstellte allen fühlenden Wesen zunächst einmal Unwissenheit (Verblendung). Um den richtigen Weg muss sich jeder bemühen. Als er einmal gefragt wurde, ob er ein „normaler Mensch" sei, antwortete er mit einem klaren Nein. Im Hinduismus gibt es keinen solchen klaren Standpunkt. Es gibt so viele Richtungen der Religion, dass man über das Menschenbild nichts Allgemeines sagen kann. Einige Hinduisten glauben, dass sich in Buddha ihr Gott Vishnu zeigte, andere halten ihn für einen Heiligen.

Die Buddhisten kennen die buddhistische Gemeinde „Sangha". Sie besteht aus Mönchen und Nonnen, darüber hinaus gibt es die Laien-Buddhisten und in vielen Gemeinschaften Priester. Der Hinduismus kennt keine allgemeingültigen Vertreter. Es gibt Yogis, Gurus, Brahmanen, Priester und weitere religiöse Anleiter sowie Mönche und Nonnen.

Die prinzipielle Basis des Buddhismus ist die Vorstellung, dass Leben automatisch Leiden erzeugt, das man durch Erkennen der Vier edlen Wahrheiten und Befolgen des Achtfachen edlen Pfades vermindern oder vermeiden kann, sie ist auf das Hier und Jetzt des Menschen gerichtet. Der Hinduismus hat die prinzipielle Basis, der religiösen Lehre zu folgen, die für ihn ewige Gültigkeit hat, und das Ziel ist auf die **Erleuchtung im Sinne einer Erlösung** gerichtet. Das konkrete Leid ist der Weg dahin. Der Buddhismus kennt **keine Sünde**, die zu sühnen ist, und keine Schuld, die abzutragen ist, sondern Konsequenzen, die sich automatisch aus Verhaltens- und Handlungsweisen ergeben. Für den Hinduismus ist Fehlverhalten eine **Sünde**, die durch Reinkarnation auszugleichen ist.

Die buddhistische Lehre versteht sich als der eine richtige Weg im Leben. Sie ist zugleich eine Theorie und Anweisung für konkretes Verhalten, die andere Vorgehensweisen ausschließt. Vertreter des Hinduismus entwickelten immer wieder die Vorstellung, dass man sich mit den Buddhisten vereinen könnte (auch mit anderen Religionen, z. B. dem Sikkhismus). Der Buddhismus ist anderen Religionen gegenüber neutral. Der Hinduismus kennt verschiedene Standpunkte. Während die einen sagen, dass ihr Weg zur höchsten Gottheit der einzig richtige ist, sagen andere, dass alle religiösen bzw. spirituellen Wege letztendlich zu der einen wahren Gottheit führen. Im Hinduismus sieht man die Veden als heilig an, während Buddha Teile von ihnen grundsätzlich ablehnte.

Die Buddhisten haben in erster Linie das Lebensrad als Symbol, darüber hinaus weitere Symbole wie zwei goldene Fische, die Blüte des Lotus, das Dharma-Rad, einen ewigen Knoten und eine Vase. Die Hinduisten haben vorrangig das als Zeichen dargestellte **OM** und die **Swastika**. Das ist ein Kreuz, das mit Linien gleicher Länge gebildet wird, die alle noch einmal um 90° abgewinkelt werden. Im Wesentlichen sieht es aus wie das spätere nationalsozialistische Hakenkreuz der deutschen NSDAP. Das liegt daran, dass die Nationalsozialisten es aus Kulturkreisen des Altertums entnahmen, in denen es bereits vorhanden war. Die Hinduisten fügten zwischen den Linien oft noch kreisförmige oder lineare Zeichen ein. Die Symbole überschneiden sich jedoch oft im Gebrauch, vor allem, wenn sie als Glückszeichen verwendet werden.

IV. Taoismus

ENTWICKLUNG DES TAOISMUS

Der Taoismus entstand in der gleichen Zeit wie der Konfuzianismus, ebenfalls in China. Es ist daher nicht erstaunlich, dass sich schon in dieser Zeit die beiden Philosophien miteinander vermengten. Bald kam auch die Vermischung beider Lehren mit dem sich ausbreitenden Buddhismus aus Indien hinzu. Viele Menschen suchten sich aus jeder Richtung das heraus, was für sie passte. Die Schulen selbst jedoch befanden sich in einer Konkurrenz-Situation.

Vor der Entstehung des Buddhismus gab es **keine Vorstellung von einem Leben nach dem Tod**. Es gab nur die **Ahnenverehrung**. Bedingt durch Buddhas Lehre, machten die Menschen sich nun Gedanken darüber, was eine ganz neue Sicht auf das Leben bedeutete. Dem fügte der Taoismus seine ganz eigene Vorstellung hinzu. Seine wesentlichen Fragen sind:

- **Was ist die wahre Natur unserer Existenz?**
- **Wie können wir inneren Frieden finden?**
- **Was kann jeder Einzelne tun, um im Leben glücklich und zufrieden zu sein?**

Diese Gedanken bezogen die Idee von Pflichterfüllung und Verantwortlichkeiten für andere, wie sie bei Konfuzius gegeben sind, weit weniger ein. Auch die intensive Beschäftigung mit Folgen von Taten in weiteren Inkarnationen, wie bei Buddha, ist nicht Gegenstand im Taoismus. Ihm geht es um Ausgeglichenheit und Gelassenheit, damit innerer Frieden entsteht. Sobald das gelingt, folgt äußerer Frieden, fast wie von selbst. Interessanterweise wird als Hilfestellung ein bestimmtes Nicht-Handeln gefordert, basierend auf der Annahme, die Weisheit der Natur regelt die Dinge, wenn man sie nur lässt. Der chinesische Gelehrte **Lu Yu (8. Jahrhundert)** drückt es sinngemäß so aus:

> „Die Wolken über uns finden zusammen und trennen sich wieder.
>
> Die Brise im Hof verschwindet und kommt wieder zurück.
>
> Da das so ist, warum nicht entspannt bleiben?"

Der Taoismus setzt auf Ausgleich entgegengesetzter Kräfte, die in der Natur der Dinge liegen. Der Mensch soll einen Mittelweg finden. Dazu muss er allerdings einiges darüber lernen, wie die Realität funktioniert, und zusätzlich zahlreiche Rituale anwenden, um ein Gleichgewicht herzustellen.

DAS LEBEN VON LAOTSE

Über die Existenz des „einen" Laotse ist man sich nicht sicher. Einige Theorien gehen davon aus, dass im Laufe der Zeit Überlieferungen verschiedener Menschen gesammelt wurden, die man dann Laotse allein zuschrieb. Daraus entstand eine zusammenhängende Philosophie. Andere meinen, Laotse hätte gar nicht gelebt, und wieder andere, er wäre in Wirklichkeit Konfuzius gewesen. Dagegen spricht jedoch, dass verschiedene Denkansätze vorliegen.

Es gibt einzelne Darstellungen aus dem Leben des Laotse, wenn auch wenige. Daten und Hinweise finden sich jedoch bei dem chinesischen Geschichtsschreiber **Sima Qian (ca. 145 – 90 v. Chr.)**, der die Ereignisse mehrerer Jahrhunderte zusammenfasste, woraus man Informationen entnehmen und Rückschlüsse ziehen kann.

Laotse wurde höchstwahrscheinlich **604 v. Chr. im heutigen Henan** (östliche Mitte Chinas) geboren, der **Todeszeitpunkt ist unbekannt.** Sein Geburtsname wird mit **Er** als Vorname und **Li** als Nachname angegeben. Er verdiente seinen Lebensunterhalt als Beamter am Hof und als Bibliothekar. Zu seinen Aufgaben gehörte, mit Archiven zu arbeiten. Dadurch kam er in Berührung mit vielen Texten, darunter auch als heilig geltende Schriftstücke. Das inspirierte ihn, selbst über die menschliche Existenz und alles, was damit zusammenhängt, nachzudenken und eine eigene Vorstellung dazu zu entwickeln. Im Laufe der Zeit erhielt er den Namen **Laotzu**, was „älterer Lehrer/Gelehrter" bedeutet.

Laotse war sich der unruhigen politischen Zeiten der Zhou-Dynastie bewusst. Er reiste ins **Königreich Quin**, im heutigen Tibet gelegen. An der Grenze kam er mit einem Zollbeamten ins Gespräch, der ihn ausführlich über philosophische Themen befragte, z. B. was Weisheit im Leben bedeutet und wie man die Wahrheit erkennt. Er wollte immer mehr wissen und jede Antwort erzeugt neue Frage, sodass die Dialoge sich über ein Jahr hinzogen. Daraus machte Laotse ein Buch, damit der Zollbeamte jederzeit alles nachlesen konnte. Der Titel lautete „**Tao Te King**". Als er das Werk fertig geschrieben hatte, verabschiedete Laotse sich vom Zollbeamten und seiner Familie, bei der er gewohnt hatte. Er verließ den Grenzübergang und **niemand weiß, wohin**. Von da an verliert sich jede Spur von ihm.

Das Tao Te King wurde eins der am meisten übersetzten Bücher der Welt. Es beschreibt, wie ein Mensch moralisch handeln kann. Ein weiser Mensch z. B. ist bescheiden und anspruchslos. Die Regierenden greifen nur im Notfall in das Leben der Menschen ein und vermeiden es, unnötige Regularien und unnötige Steuern über sie zu verhängen. „Tao" bedeutet in der chinesischen Philosophie „**Pfad der Tugend**". Auf ihm kann man wandeln, wenn man sich den natürlichen Gegebenheiten anpasst. Z. B.

sagte Laotse sinngemäß: „Sei still wie ein Berg und fließe wie ein großer Fluss".

Man nimmt eine Begegnung **Laotses mit Konfuzius ca. im Jahr 521 v. Chr.** an, als Konfuzius Mitte dreißig war und Laotse ca. fünfzig. Konfuzius soll über die Weisheit und Bildung des Jüngeren, der ihn mit Argumenten ziemlich an die Wand spielte, erstaunt und beeindruckt gewesen sein. Er sprach fortan respektvoll von Laotse. Er soll ihn mit einem Drachen verglichen haben, der sich auf dem Rücken des Winds durch die Wolken hindurch in den Himmel tragen lässt. Laotse dagegen bezeichnete Konfuzius als arrogant. Auf weitere Zusammenkünfte verzichtete man.

In ihrer Diskussion hatten die beiden große Unterschiede in ihren Auffassungen festgestellt. Während Konfuzius Ämter im Rahmen der Regierung für einen weisen Menschen anstrebte, ging Laotse davon aus, dass man sich **politischer Aktivitäten enthalten** sollte. Konfuzius sah das richtige Leben des Menschen im Zusammenhang mit der Einhaltung der sozialen und teilweise uralten Regeln, während Laotse einen Weg suchte, der sich nicht an den üblichen gesellschaftlichen Anforderungen orientierte. Er wollte das, was existiert, verstehen und dadurch in Harmonie mit dem Leben kommen. Deshalb philosophierte er über die **spirituelle Entwicklung des Einzelnen** und nicht über den Zusammenhang von Individuen mit der Gesellschaft.

Er wollte auf dem Pfad der Tugend in **den „Fluss des Universums"** kommen.

Insofern Laotse sich über soziale Verhältnisse äußerte, bezog er sich immer auf **Tugendhaftigkeit**, so (sinngemäß) beispielsweise: „Hebe die Reichen nicht in den Himmel, und die Menschen werden sich nicht mit ihnen vergleichen. Stelle Objekte, die sie begehren, nicht zur Schau, und die Gedanken der Menschen werden davon nicht beeinträchtigt. Der Weise leert seine Gedanken, füllt seinen Bauch, bezwingt seine ehrgeizigen Bestrebungen und stärkt seine Knochen." Allerdings äußerte er sich an einzelnen Stellen zum **Krieg**, z. B. „Wo die Heere geweilt haben, wachsen Disteln und Dornen. Nach den Kämpfen kommen immer Hungerjahre." Im weiteren Textverlauf verweist er darauf, dass „der Tüchtige" nicht durch Gewalt erobert.

Populäre Legenden zu Laotse besagen, dass er heiratete und einen Sohn namens **Zong** hatte, der Soldat wurde. Andere gehen davon aus, dass er 160 Jahre alt wurde. Manche bezeichnen ihn als **„altes Kind"**, weil er angeblich achtzig Jahre im Mutterleib verblieb, bevor er geboren wurde. Er wurde dabei als sein eigenes Kind betrachtet und gleichzeitig als seine eigene Mutter. Man glaubte, die Gottheit Laotse hätte einen eigenen Embryo in sich erzeugt, der schließlich zur Welt kam und den Körper Laotses ersetzte. Andere Legenden besagen, Laotse wäre nach 8 Jahren Schwangerschaft geboren worden.

Laotses Gedanken blieben weit über seinen Tod hinaus lebendig. Seine Lehre wurde zu einer Philosophie, die teilweise als Religion betrachtet wurde.

TEXTE ZUM TAOISMUS

Im dritten Jahrhundert v. Chr. sammelte man Schriften, die man nicht alle zuordnen konnte, sie wurden aber dem Tao Te King zugerechnet. Einige Zeit später schrieb der chinesische Philosoph und Poet **Zhuangzi** (ca. 365 bis 290 v. Chr.) über den taoistischen Pfad der Tugend. Man nannte sein Werk zunächst ebenfalls Zhuangzi, im achten Jahrhundert betrachtete man ihn in China als Heiligen und nannte es **„Das wahre Buch vom südlichen Blütenland".** Zusammen mit dem Tao Te King machte das Werk die schriftlichen Grundlagen des Taoismus aus. Darüber hinaus wurde auch das I Ging zum Standardwerk des Taoismus.

Das Tao Te King setzt sich in der Darstellung seiner Lehre stark vom Konfuzianismus ab. Dieser erklärt vieles in pädagogischen Ausführungen und gibt Lehrer-Schüler-Gespräche wieder. Am Anfang heißt es typischerweise: „Konfuzius sagt". Das Tao Te King präsentiert sich dagegen **in poetischer Form**. Es gibt 81 Kapitel, von denen jedes in Gedichtform vorgestellt wird und höchstens eine Seite lang ist. Die übergeordneten Themen sind **„Der Sinn"** und **„Das Leben"**.

Ein Beispiel zum Thema „Sinn" ist (inhaltlich):

„Greift selten zu Worten, dann geht alles von selbst. Ein Wirbelsturm dauert kaum einen Augenblick. Ein Platzregen dauert keinen Tag lang. Wer bewirkt das? Himmel und Erde. Was nun selbst Himmel und Erde nicht dauernd bewirken können, wie viel weniger kann das ein Mensch?"

Ein Beispiel zum Thema „Leben" ist (inhaltlich):

„Wenn Sinn herrscht auf der Erde, dann nimmt man die Rennpferde zum Produzieren von Dung. Wenn der Sinn auf der Erde abhandengekommen ist, dann werden auf dem Feld Kriegspferde gezüchtet."

Und weiter:

„Es gibt keine größere Sünde als viele Wünsche.
Es gibt kein größeres Übel als kein Genügend kennen.
Es gibt keinen größeren Fehler als haben wollen."

Das „Das wahre Buch vom südlichen Blütenland" besteht aus Geschichten, die als Gleichnisse zu verstehen sind. Das Werk ist in 27 Bücher aufgeteilt. Überschriften sind z. B. „Pflege des Lebensprinzips", „Höchstes Glück" und „Des Himmels Kreislauf".

Ein wichtiges Element der Texte sind **Dialoge**. Außerdem erscheinen Tiere und Fabelwesen als handelnde Subjekte. Oft gibt es kleine Seitenhiebe auf Konfuzius und seine Lehre. Beispielsweise lässt Laotse einen Menschen namens „Zehenlos" (weil er keine Zehen mehr hatte) sagen (sinngemäß): „Dieser Konfuzius hat es doch noch nicht zur Vollkommenheit gebracht. Was braucht er dieses Getue mit seinen Schülern! Er ist eifrig bestrebt, sich den Namen eines ganz besonders klugen und spitzfindigen Menschen zu erwerben, ohne zu wissen, dass der Vollkommene darin nur Fesseln sieht."

In dem Text „Der Wagenlenker" übt sich ein Herzog im Wagenlenken und treibt die Pferde übermäßig im Kreis herum. Ein Mensch namens Yen Ho begegnet ihm und warnt ihn, dass seine Pferde zusammenbrechen würden. Der Herzog schweigt dazu und treibt seine Pferde weiter an. Sie brechen nach einer Weile zusammen. Da fragt er Yen Ho, woher er das gewusst hätte. Er antwortet, dass die Kraft der Pferde erschöpft war und dass er trotzdem noch mehr von ihnen verlangt hätte. Und darum sagte er voraus, sie würden zusammenbrechen.

Ein Text enthält die Frage „Habt ihr schon einmal einen Opferstier gesehen?" und die Erläuterung: „Er wird bedeckt mit Stickereien und gemästet mit Gras und Kräutern. Aber wenn es dann so weit ist, dass er zum Tempel geführt wird, da möchte er wohl gern mit einem verwaisten Kalb tauschen. Aber dann ist es zu spät."

Auf diese Weise regen die Texte zur Reflexion über Verhaltensweisen an.

ZHUANGZI (CA. 365 – 290 V. CHR.)

Auch über **Zhuangzi** ist wenig bekannt. Der **Geschichtsschreiber Sima Qian** berichtet, dass er sich von den Anhängern Laotses abhob und den Taoismus auch damit verbreitete, dass er sich über Konfuzius verschiedentlich lustig machte. Er hatte viel Freude an witzigen und satirischen Darstellungen. Im Gegensatz zu Konfuzius' klaren Mahnungen an alle in verantwortlichen Positionen, inklusive Regierungen, konnten die Machthaber jedoch mit seiner Position nichts anfangen.

Während die Werke Konfuzius' noch einen rücksichtsvollen Umgang mit den Untertanen anmahnte, favorisierte Zhuangzi, ganz im Sinne Laotses, keine politischen Ämter anzunehmen. Das lebte er auch vor. Als der zeitgenössische **König Wei** von seinen großen intellektuellen Fähigkeiten hörte, versucht er, ihn mit dem Versprechen eines hohen Ministeramts für den Hof anzuwerben. Doch er erntete nur das Gleichnis mit dem Ochsen, der fett gefüttert und dann geopfert wird. Außerdem folgte der unmissverständliche Hinweis, er wolle nicht weiter mit der Anwesenheit des Königs belästigt werden. Grundsätzlich wollte er ohnehin lieber in einem schmutzigen Graben liegen, als sich den vielen Regeln und Einschränkungen eines Königshofs unterzuordnen. Er wolle seinen freien Willen behalten. Das waren mutige Erklärungen, denn der Herrscher hätte ihn auch bestrafen können. So aber wurde Zhuangzi seiner Überzeugung gerecht, dass „präzise Worte nicht unbedingt elegant und nette Worte nicht immer vertrauenswürdig sind."

Obwohl Taoisten zu dieser Zeit keinen nennenswerten Stellenwert am Hofe hatten, wuchs der Einfluss des Taoismus auf die politischen und sozialen Verhältnisse in den folgenden Jahrhunderten.

ENTWICKLUNG DES TAOISMUS

ZWEI RICHTUNGEN

Man teilte den Taoismus später in zwei Schulen ein, von denen eine die philosophische und die andere die religiöse Richtung genannt wird. Allerdings unterscheiden sie sich nur darin, dass erstere sich stark auf die Schriften bezieht, während die andere sich mehr den Ritualen widmet.

ZHANG DAOLING (34 - 156)

Mit **Zhang Daoling** erhielt der Taoismus erstmals einen religiösen Rahmen. Er gründete eine taoistische Organisation, die er „Himmelsmeister" nannte und mit der Behauptung, der gottgleiche Laotse selbst sei ihm erschienen und habe ihm Vorschriften offenbart, legitimierte. Deshalb sah man ihn lange als Nachfolger Laotses an. Er konnte diesen Status sogar über Generationen an seine männlichen Nachkommen vererben.

Der Volksmund nannte die Organisation gern „**Weg der fünf Scheffel Reis**", weil das der Preis für die Mitgliedschaft war. Wer ihn erbrachte, wurde aufgenommen. Ungewöhnlich für die Zeit war, dass auch Frauen willkommen waren, ebenso wie ethnische Minderheiten. Sie alle konnten in der religiösen Hierarchie aufsteigen.

Die Hierarchie sah einige Stufen vor. Auf einer niedrigeren durfte ein Mitglied für die Kranken tätig werden. Nachdem der Kranke meditiert hatte, las der Himmelsmeister ihm heilige Texte vor und führte eine Zeremonie durch. Dafür sollte die Familie des Kranken einen ruhigen Platz zur Verfügung stellen. Auch Strafen zum Ausgleich des Fehlers, der die Krankheit verursacht hatte, waren vorgesehen. Der Himmelsmeister erlegte z. B. auf, etwas für die Gemeinschaft zu tun, etwa einen Brunnen reparieren. Ein Mitglied auf einer höheren Stufe durfte Rituale innerhalb der Gemeinschaft durchführen und Mitglieder auf niedrigeren Stufen in der Lehre des Taoismus unterrichten.

Die Himmelsmeister legten großen Wert auf den **Ausgleich von Yang und Yin** und, daraus folgend, auf Harmonie zwischen Männlichkeit und Weiblichkeit, die sie eindeutig diesen Prinzipien zuordneten. Um die Balance zu erreichen, wurden die Männer aufgefordert, weiblicher zu werden. Beispielsweise sollten sie nicht zu laut sprechen. Es gab sogar eine Vorschrift, dass sie nicht im Stehen urinieren sollten. Vor allem aber sollten sie nicht auf die Jagd gehen und keine Waffen tragen.

Die Bewegung lehnte das Opfern von Tieren ab, weil die Götter in ihren Augen keine Nahrung zu sich nahmen. Sie setzte sich auch von den parallel bestehenden kleineren Religionen ab, in denen Magier führende Positionen innehatten und für ihre Dienste oft viel Geld verlangten. Die Himmelsmeister beschäftigen sich schon mit der Frage der **Unsterblichkeit**, die später ein großes Thema im Taoismus wurde. Die Himmelsmeister erhielten jedoch Konkurrenz von anderen Bestrebungen und verloren zunächst einmal an Einfluss.

Vor allem gründeten sich taoistische Sekten, die alle ihre eigenen Gesetze hatten. So führten die taoistischen „Gelben Turbane" (der Name kam von der gelben Kopfbedeckung) ca. im Jahr 180 einen Bauernaufstand an, während der ursprüngliche Taoismus Gewalt deutlich ablehnte. Diese Gewaltbereitschaft ist bis heute untypisch für eine taoistische Gemeinschaft und blieb eine Ausnahme.

YANG XI

Im vierten Jahrhundert behauptete **Yang Xi,** regelmäßig von Göttern und anderen übernatürlichen Wesen besucht zu werden und Texte zu empfangen, die er verschriftlichte. Seine Schule wurde **Shangqing** (Bedeutung: höchste Reinheit) genannt. Sie stellte klare Regeln auf und intensivierte die Meditation, bei der Techniken der Visualisierung favorisiert wurden. Sie verzichtete auf die Anwendung von Elixieren und praktischen Übungen für die Einheit von Körper und Geist und widmete sich dem **Versuch, unsterblich zu werden.** Dabei spielte das göttliche **Chi** eine Rolle, das auf Zhuangzi zurückging.

Er sah das **Chi** als das Phänomen an, aus dem der Kosmos besteht. Obwohl er ihm einen stofflichen Charakter absprach und es weder als eine seelische noch als eine geistige Substanz ansah, ging er davon aus, dass es die Energie für alle Formen von Existenz liefert. Heute noch nimmt die chinesische Medizin an, dass Chi eine spirituelle Energie ist, die durch Krankheit ins Ungleichgewicht und durch Heilung wieder ins Gleichgewicht gebracht werden kann.

DRITTES BIS FÜNFTES JAHRHUNDERT

Von der Mitte des dritten bis Anfang des fünften Jahrhunderts wandten viele wohlhabende Menschen und einflussreiche Lehrer sich dem Taoismus zu. So verankerte sich die Philosophie systematisch in der Oberschicht, was ihre allgemeine Verbreitung vorantrieb und einen starken **Gegenpart zum Buddhismus** erzeugte. Das Studium der Schriften und unterschiedliche Auslegungen führten zur Aufteilung der Lehre in verschiedene Schulen. Ende des sechsten Jahrhunderts vereinte China sich, und die Schulen konnten sich gut in das Land integrieren. Als mächtigste kristallisierte sich die **Maoshan-Schule** heraus, benannt nach einem Berg in Jiangsu.

VERSCHIEDENE AUSPRÄGUNGEN VOM SIEBTEN BIS NEUNTEN JAHRHUNDERT

In den folgenden Jahrhunderten bestanden **viele Richtungen des Taoismus nebeneinander**. Jetzt gab es einige Taoisten, die

die **Herrscher berieten und unterstützten**. Daher waren die taoistischen Schulen größtenteils unter der Kontrolle der Machthaber. Taoisten stifteten niemals zur Unruhe oder gar Rebellion an.

Kaiser Gaozong, der von 649 bis 683 regierte, startete ein Programm, mit dem er taoistische und buddhistische Klöster auf Staatskosten bauen ließ. Auch ein Nachfolger, **Kaiser Xuanzong**, der von 713 bis 756 regierte, war ein Anhänger von klösterlichen Gemeinschaften und ließ viele Tempel bauen. Dazu führte er allerdings auch Vorschriften für das Leben und Treiben der Mönche ein. Die Taoisten nahmen viel weniger als die Buddhisten Kloster- und Tempelbauten aus staatlichen Mitteln an, denn sie wollten **keinerlei staatlichen Regeln** unterworfen sein.

ZHENGYI

Ab dem 9. Jahrhundert wurden die **Himmelsmeister** wieder stärker. Sie vereinigten sich mit kaiserlicher Zustimmung unter dem Begriff **„Zhengyi"**. Ihnen war heiraten und ein Leben im eigenen Heim erlaubt. Die Zhengyi entwickelten sich zu der **stärksten taoistischen Bewegung**.

WANG ZHE (1123 - 1170)

Später meldete wieder jemand Einfluss aus einer anderen Welt an. Der Gelehrte, Kampfkünstler, Armeeangehörige und spätere Mönch **Wang Zhe** hatte eine Vision, in der ihm ein unsterblicher Meister begegnete und Instruktionen erteilte. Ihnen folgend, gründete er eine taoistische Schule und taoistisches klösterliches Leben. Es galten strenge Regeln, darunter **Verbot von alkoholischen Getränken, sexuellen Aktivitäten und Aneignung von Wohlstand.** Tägliche Meditation gehörte zum vorgeschriebenen Programm, dreimal täglich zwei Stunden lang. Dadurch sollte man das allumfassende Prinzip des Seins erkennen. Dann würde man sich „nie wieder eigenen Fehlern und Schwächen überlassen". Man strebte **innere Ruhe und Vermeidung von Wut und Ärger** als Grundhaltung an.

SUN BU'ER (CA. 1119-1182)

Unter den Anhängern, die es zum Meister brachten, war **Sun Bu'er**, eine Frau aus wohlhabenden Verhältnissen. Taoisten betrachteten sie als jemanden, der Unsterblichkeit erreicht hatte, und zwar durch eine Reise nach Loyang, wo nach Aussage **Wang Zhes** ein Unsterblicher die letzten Geheimnisse über den Kosmos preisgab. Da sie eine schöne Frau war, wollte niemand sie den langen Weg dorthin gehen lassen. Von ihrer Familie erreichte sie Zustimmung, indem sie sich verrückt stellte. Von

Wang Zhe bekam sie schließlich die Erlaubnis, weil sie ihr Gesicht verbrannte und er sie so vor männlichen Angreifern geschützt glaubte. Der Legende nach kam sie in Loyang an, wo sie **erleuchtet und unsterblich** wurde.

MING-DYNASTIE (1368 – 1644)

In den Jahrhunderten der Ming Dynastie ging der Einfluss des Taoismus zurück, weil die Herrscher alles, was als religiöse Bestrebung galt, kontrollierten, um ihre Macht zu sichern. Soweit es für sie sinnvoll war, nutzten sie taoistische Grundsätze zur **Sicherung ihrer Herrschaft.**

QING-DYNASTIE (1644 – 1911)

Die Herrscher der Qing-Dynastie kannten sich dann nicht mehr so gut mit dem Taoismus aus. Sie behinderten weder die Anhänger noch unterstützten sie sie. Auch sie nutzten die Lehre nur insoweit, als dass die Grundsätze ihren **politischen Anspruch** sicherten. In der späten Phase gingen sie dazu über, die taoistischen Einrichtungen zu kontrollieren. Das führte zum **Rückgang des Einflusses taoistischer Meister** wie auch zum Stillstand beim Aufbau von taoistischen Organisationsformen.

TAOISMUS IM 20. JAHRHUNDERT

Zwischen dem **Opiumkrieg mit England (1840 bis 1842)** und der **Gründung der Volksrepublik China im Jahr 1949** ging China durch einige Stadien des politischen und sozialen Chaos, die zur Verarmung großer Bevölkerungsteile führten. Viele **taoistische Priester verließen ihre Tempel.** Der Taoismus ging dadurch jedoch nicht auf null zurück, sondern breitete sich stark in den unteren Schichten aus.

Man begann, sich an westlichen Modellen zu orientieren und nach einer nationalen Organisationsform zu suchen. Im Jahr **1957** gründete sich die **Chinese Taoist Association** und entwickelte sich zur größten Vereinigung des Taoismus in der Volksrepublik China. Mao Tsetung verbot sie jedoch während der Kulturrevolution, er ließ viele Tempel zerstören.

Seit Ende des letzten Jahrhunderts wird der Taoismus nicht mehr behindert. Die **Chinesische Gesellschaft der Taoisten** hat offiziell im **Tempel der Weißen Wolken** ihren Sitz.

DIE PRINZIPIEN DES GLAUBENS IM TAOISMUS

ENTSTEHUNG VON YIN UND YANG

In der taoistischen Vorstellung existiert etwas, das es schon gab, bevor Himmel und Erde entstanden. Das ist „Tao". Es bürgerte sich ein, dass dieses Wort gleichzeitig den Weg, den Anhänger gehen sollen, beinhaltet. Das ursprüngliche Tao meint **eine Energie, aus der alles entstanden ist.** Sie war urplötzlich da und erzeugte zunächst nur **Chaos**, Hundun genannt, das sich lange Zeit entfaltete. Allerdings enthielt es schon den kosmischen Atem namens **Chi.** Das Chi war ebenfalls noch in einem ungeordneten Zustand. Doch dann strukturierte es sich mit der gleichen **Spontaneität**, wie Tao entstanden war, ebenfalls aus unbekannten Gründen. Es trennte sich in **Yin und Yang**, wobei Yang aufwärts in den Himmel strebte und Yin abwärts in die Erde. Trotz dieses Prozesses bleibt zwischen beiden Kräften immer eine innere Verbindung, die nicht zerstört werden kann, und bildet eine dritte Kraft. Diese drei Energien sind die Ursache für alles, was entstand. Das benennt der Taoismus auch als die „**Myriaden Dinge".**

Die Ursprungskraft Tao ist nicht als göttliches Wesen zu verstehen. Vielmehr gab es vor ihr keine Götter. Als sie die Existenz der Dinge hervorbrachte, gab sie jeder Erscheinung eine Zuordnung zu Yin oder Yang mit. Die Dinge nehmen mal ab und mal zu, z. B. Ebbe und Flut. Sie ziehen sich zusammen und gehen wieder auseinander, z. B. die Lungenflügel. Insofern kommen hier Prinzipien vor, wie man sie auch im Konfuzianismus findet.

FÜNF ELEMENTE

Der Taoismus kennt **fünf Elemente**. Das fünfte ist neben Feuer, Wasser, Luft und Erde noch Metall. Manchmal wird das Metall mit der Leere im Buddhismus verglichen, das ist jedoch Interpretationssache. Mithilfe der Elemente bestimmen die Taoisten die Entwicklungsphasen, in denen sich eine Person oder ein Zustand befindet.

Im Prozess der Ernährung z. B. lässt Holz das Feuer brennen. Es entsteht Asche. Sie gibt Nährstoffe an die Erde ab. Die Erde bringt Metalle hervor. Die Metalle beleben das Wasser. Das Wasser ernährt wiederum das Holz, was auch die pflanzlichen Gewächse beinhaltet. In den Prozessen der Schwächung, der Kontrolle und der Schädigung wirken die Elemente anders zusammen. Z. B. entzieht das Metall der Erde Mineralien, und im nächsten Schritt erstickt die Erde das Feuer. Oder das Wasser macht die Erde zu weich, und im nächsten Schritt erstickt die Erde das Holz. Auf diese Entwicklungsprozesse baut die Traditionelle Chinesische Medizin u. a. ihre Theorie auf. Auch das Feng Shui, eine Harmonielehre, die den Menschen in Einklang mit seiner Umwelt bringen will, nimmt sie als Basis.

HANDELN DURCH NICHTHANDELN

Das **Tao Te King** setzt nicht darauf, die menschliche Gesellschaft mit Handlungsanweisungen zu versorgen, die die Einhaltung von Tugenden und Ahnenverehrung vorschreiben. Vielmehr soll man in sich selbst Harmonie finden und mit Tao eins werden, was dann mehr oder weniger automatisch Tugendhaftigkeit erzeugt. Ein Prinzip ist das Handeln durch Nichthandeln. Das heißt nicht Untätigkeit, sondern Hinwendung zum Fluss der Natur, in dem man mitfließen soll. Laotse war der Überzeugung, dass die Menschen sich richtig verhalten, wenn sie zu ihrer inneren, angeborenen Natürlichkeit finden und sie wahrzunehmen lernen. Dennoch gab es einige grundlegende Richtlinien, teilweise die gleichen wie im Buddhismus. So soll man in Harmonie mit der Familie leben, und auch mit den Ahnen. Man soll anderen Menschen Gutes tun und keine Rache üben. Auch soll man unmoralische Gedanken und Taten vermeiden.

Das **Prinzip von Yin und Yang** half bei der Frage, wie man sein Leben richtig lebt, in Bezug auf Gut und Böse nicht weiter. Der Taoismus empfahl, zuerst leise zu sein, wenn man laut sein will, zuerst langsam zu sein, wenn man schnell werden will usw. Doch man konnte nicht fordern, zuerst böse zu sein, wenn man Gutes tun will. Man brauchte also einen Anhaltspunkt für das richtige Verhalten. Das fand man in der Natur.

ROLLE DER SPONTANEITÄT

Die frühen Taoisten gingen davon aus, dass der Kern des menschlichen Wesens vollständig in die Natur eingebettet ist und erst durch einschränkende Regeln beeinträchtigt wird oder gänzlich verloren geht, darunter auch solche, die das soziale Zusammenleben regeln. Daraus leiten sie die große Bedeutung der **Spontaneität** ab. Was die Seele spontan als richtig erfasst, soll man beachten. Auch dies muss man wiederum erlernen, wozu Übungen gut sind. Doch wenn man es einmal gelernt hat, ist Denken überflüssig und sogar hinderlich. Man soll das tun, was man verinnerlicht hat.

Ein **Beispiel** befindet sich im Buch XIX von „Das wahre Buch vom südlichen Blütenland". Es berichtet von einem Künstler, der so kunstfertig Geräte fertigte, dass er dabei nicht mehr nachzudenken brauchte. So war seine „seelische Natur einheitlich". Für einen heutigen Sportler würde das beispielsweise bedeuten, durch dauerhafte Übung so traumhaft sicher zu sein, dass er im richtigen Moment nicht nachdenkt und spontan sein Können anwendet. Das könnte zu einer Höchstleistung oder dem Schießen eines Tors führen.

Das spontan richtige Handeln bezieht sich jedoch nicht nur auf ein bestimmtes Gebiet, **sondern allgemein auf menschliches Handeln.** Denn weiter heißt es in dem Werk (sinngemäß): „Wer die richtigen Schuhe anhat, vergisst seine Füße" und „Wenn man in seiner Erkenntnis alle Für und Wider vergisst, hat man das richtige Herz; wenn man sich nicht nach anderen richtet, dann hat man die Fähigkeit, richtig mit den Dingen umzugehen." Die Taoisten fanden das im Alltag allerdings auch sehr schwierig. Hundertprozentige Anwendung solcher hohen Anforderungen trauten sie nur unsterblichen Wesen zu. Ansonsten sollte sich jeder bemühen, so gut er konnte.

Die Taoisten kritisierten Konfuzius wegen seiner Forderung nach striktem Befolgen von sozialen Regeln, weil das die Spontaneität behindert. Die Menschen sollen ihrer **ursprünglichen Natürlichkeit**, also Verbundenheit mit der gesamten Natur, folgen. Strafen sahen sie als kontraproduktiv an. In ihren Augen lebte ein guter Herrscher mit seinem vorbildlichen Verhalten vor, was gut und richtig ist, und seine Untertanen eiferten ihm automatisch nach, wobei sie ihr Verhalten auch zum Guten hin änderten, falls nötig. Auf diese Weise sollte das ganze Reich in Harmonie leben.

Nun stellte sich die Frage, wie der Herrscher diese Fähigkeiten für sich selbst erreichen konnte, um zum Friedensbringer für sein Volk zu werden. Im Laufe der Jahrhunderte kristallisierten sich in China immer mehr Praktiken heraus, die **Selbsterziehung im Sinne einer Kultivierung der eigenen Person** förderten. Man glaubte, was viele Tao-Meister sagten: „Wer seinen Körper beherrscht, kann auch ein ganzes Volk beherrschen." Die Praktiken waren vielfältig, da es viele taoistische Richtungen gab. Sie reichten von Achtsamkeitsübungen bis zur Einnahme von Mixturen, die zu Unsterblichkeit führen sollten. Rezepte dafür übernahm man von Schamanen, die Jahrhunderte lange Erfahrungen hatten, und den „Fangshi". Das waren zeitgenössische Priester, die mit Magie und Zauber arbeiteten. Sie verfügten über wissenschaftliche Kenntnisse. Außerdem beschäftigten sie sich mit verschiedenen Körper-Übungen, die die Taoisten ausbauten. Daher werden sie oft als Vorläufer des Taoismus angesehen.

UNSTERBLICHKEIT

Viele Angehörige der oberen Schichten strebten **Unsterblichkeit** an, und einigen Taoisten sagte man sie nach. Dazu zählt die Priesterin **Sun Bu'er**. Die Methoden dafür verlangten Disziplin. Man machte Atemübungen, hielt Diäten ein, trank heiliges Wasser und führte spezielle sexuelle Praktiken durch. All das sollte mindestens zu einem langen Leben führen. Männliche Taoisten gingen so weit, zu glauben, dass sie, wie Laotse in einer Legende, einen Embryo in sich erzeugen könnten, indem sie weibliche und männliche Energien in ihrem Körper ineinanderfließen ließen. Wer dies durch entsprechende Übung und Disziplin erreichte, würde dadurch unsterblich. Wer den taoistischen Weg wirklich vollenden kann, wird „**Großer Meister**" genannt.

Andere Taoisten glaubten, dass die **Götter** außer in ihren eigenen Bereichen auch **in menschlichen Körpern** wohnten, und zwar in verschiedenen Organen, z. B. im Gehirn, im Herzen usw. Da die Gottheiten für das korrekte Funktionieren der Körperteile sorgten, entwickelten sich viele Rituale, die ihnen huldigten. Der Glaube hatte auch zur Folge, dass man sich um seine körperliche Gesundheit gut kümmerte, aber auch um seine emotionale und spirituelle Befindlichkeit. Was man sich Gutes tat, tat man den Göttern Gutes und dadurch letztlich allen Menschen, weil **die Götter in jedem Menschen präsent waren.**

Die frühen aristokratischen Taoisten kümmerten sich kaum um die Frage, was nach dem Tod kam, denn sie hatten die Mittel, sich um ein langes Leben im Diesseits zu kümmern. Sie widmeten sich Techniken, die ein langes Leben und vielleicht sogar Unsterblichkeit versprachen. Man glaubte, dass die **Unsterblichen in Örtlichkeiten wie auf hohen Bergen und verborgenen Inseln lebten,** die den menschlichen Sterblichen nicht zugänglich waren. Als der Taoismus im Laufe der Jahrhunderte immer mehr mit dem Buddhismus verschmolz, übernahm er Elemente daraus für eine Theorie nach dem Tod. So kam die Idee der **Wiedergeburt** in die taoistische Philosophie. Die Rituale bei Beerdigungen glichen sich an und sind heute noch ähnlich.

Die unteren Schichten waren noch vom Glauben an die **Wirkung der Ahnen** geprägt, denen man regelmäßig Anbetung und Opfer zollte. Mit Zunahme des Taoismus glaubte man, nach dem

Tod einen Platz innerhalb einer göttlichen Ordnung zu finden. Dazu sollte man im Leben möglichst viel positive Energie ansammeln, was sich in der Fürsorge für andere ausdrückte und mit der Tugendhaftigkeit im Konfuzianismus vergleichbar ist. Man gab seinen verstorbenen Familienmitgliedern Dokumente mit ins Grab, die seine Errungenschaften in dieser Hinsicht darstellten. Die Überlebenden konnten Riten vollziehen, mit denen sie die Tugend der Toten posthum förderten. Die meisten waren mit einem Opfer verbunden.

DIE FRAGE DES LEIDENS IM TAOISMUS

Auch bei den Vorstellungen über das Leiden der Menschen und der Frage, was die Ursache ist, entwickelten die Ausprägungen des Taoismus im Laufe der Zeit verschiedene Ansichten. Selbst innerhalb der einzelnen Richtungen hatten (und haben) Taoisten **unterschiedliche Sichtweisen**, die sich mitunter sogar widersprechen. **Zhuangzi** hielt die Natur für eine Instanz, die nicht über eine innewohnende Moral verfügte und deshalb nicht moralisch genannt werden konnte. Sie kümmerte sich nicht um die Individuen, die sie hervorbrachte. Deshalb waren **Krankheit, Tod und Schicksalsschläge auch keine Strafen**, vielmehr waren sie für ihn unvermeidliche Ereignisse, die zum menschlichen Leben gehörten. Das Tao Te King verweist darauf, dass die Menschen am besten der Natur und ihren Vorgaben folgen, denn das Leben gegen die Natur bringt Schwierigkeiten mit sich. Ein weiser Herrscher sorgt für den Einklang.

Andere taoistische Texte sagen, dass **Krankheiten** durch Würmer hervorgerufen werden, die sich im Körper eingenistet haben. Auch Dämonen können diese Funktion übernehmen. Der Mensch muss sich also zunächst von diesen Wesen befreien. Dazu dient beispielsweise das Vermeiden von Getreide, weil die Würmer es gern fressen.

Eine weitere taoistische Richtung sieht **Gesundheit** als Belohnung für die richtige Lebensführung und Krankheit als Strafe für Missetaten. Man kann gesund werden, indem man den zuständigen Gott um Heilung bittet. Manche Gruppen glauben, dass man für die Untaten der Ahnen bis in die zehnte Generation büßen muss. Priester können Individuen und ganze Gruppen von ererbten Sünden befreien, indem sie in ihrem Namen für andere Menschen Gutes tun.

Die frühen Taoisten lehnten sich eng an Konfuzius an, was die Wichtigkeit von Harmonie in der Gemeinschaft der Lebenden betraf, und vernachlässigten die Auseinandersetzung mit dem Tod. Später, unter dem Einfluss des Buddhismus, glaubte man stärker daran, dass man seine Sünden nach dem Tod in einem weiteren Leben wieder ausgleichen muss. Viele taoistische Laien meinten, dass Dämonen, unglückliche Ahnen und verwaiste

Seelen Probleme im Leben verursachten. Zum Vertreiben setzte man Rituale und Talismane ein, wobei Priester halfen.

DIE VORSTELLUNG EINER IDEALEN GESELLSCHAFT IM TAOISMUS

Der Taoismus hatte immer eine Vorstellung von dem, wie eine Gesellschaft sein sollte, wenn er sich auch weitestgehend aus politischem Geschehen heraushielt. Er strebt bis heute ein **friedvolles, harmonisches Zusammenleben der Menschen** an. In den Anfängen gab es verschiedene Vorstellungen. Eine folgt im Wesentlichen dem Tao Te King und sieht ein ideales soziales Gefüge als **Gemeinschaft, in der technischer Fortschritt nicht gefragt ist.** Menschen leben als kleine Bevölkerungsgruppen zusammen und führen ein naturnahes Leben, unabhängig von den anderen kleinen Gruppen. Eine andere betont, dass es in sozialen Zusammenhängen eine durchdachte Organisation und ein Regelwerk geben muss, nach dem sich alle richten. Dazu braucht es einen Herrscher, der den Taoismus lebt und pflegt.

Unabhängig von den verschiedenen Vorstellungen eines idealen Landes betont jede taoistische Richtung, dass jeder Einzelne sich selbst **kultivieren** soll, indem er einen **innigen Kontakt zur Natur** sucht. Das betrifft nicht nur die Frage, wie man seine Umgebung gestaltet, sondern beginnt mit dem eigenen Körper. Da Gesundheit hier eine große Rolle spielt, ist es nicht verwunderlich, dass der Taoismus eine enge Verbindung zur Heilmethode **Akupunktur** und anderen medizinischen Methoden wie Anwendung von Kräutern hat.

Die Nähe des Taoismus zur Natur, die er bewahren will und zu der man nach seinen Thesen zurückkehren soll, zog die Aufmerksamkeit von Umwelt-Aktivisten auf sich. Hier kam Kritik an der chinesischen Entwicklung von modernen Technologien auf. Heute gibt es viele taoistische Tempel und Klöster, die Verbindungen zu Umweltschützern unterhalten. Unter diesem Gesichtspunkt verbreitete sich der Taoismus auch stärker in der westlichen Welt. Z. B. veranstaltete die renommierte amerikanische **Havard Universität** 1998 in ihrem Center for the Study of World Religions eine „**taoistische und ökologische Konferenz**", die viel Nachklang fand.

PRIESTER UND RITUALE IM TAOISMUS

TAOISTISCHE PRIESTER

Taoistische Priester verfügen über **Rituale**. Laien praktizieren ihre Weltanschauung bzw. Religion, je nach Interpretation, in ihrer eigenen individuellen Weise, die mit anderen Denkweisen bzw. religiösen Überzeugungen vermischt sein kann. Soweit man von taoistischen Ritualen spricht, beziehen sie sich primär auf Aktivitäten von **taoistischen Priestern**. Für sie gibt es klare Regeln und Inhalte, die sie während der Ausbildungszeit erlernen. Sie müssen neben heiligen Texten viele rituelle Vorschriften auswendig kennen, die haargenau anzuwenden sind. Es gibt

Rituale, in denen die Priester von Zeit zu Zeit ihr Fehlverhalten bekennen. Übliche, oft angewandte Praktiken sind **Meditation, Atemübungen und Geistreisen zu den Göttern und Himmlischen Meistern**. Zu manchen Zeiten verzichtet man auf sexuelle Aktivität und bestimmte Lebensmittel. Von Priestern wird einwandfreies Verhalten in moralischer Hinsicht erwartet, denn dadurch entsteht gute Energie.

Taoisten haben **Festtage**, die sich jedoch in den einzelnen Schulen (oder Sekten, je nach Interpretation der Lehre) unterscheiden. Das Durchführen der Feierlichkeiten hat jedoch im Wesentlichen die gleichen Inhalte. Zunächst reinigt man sich, dann ruft man die Gottheiten an und opfert ihnen, und zum Schluss empfängt man eine Segnung. Tänze, Gesänge und Gebete begleiten die Zeremonie. Besonders wichtige Rituale werden bei Beerdigungen und Gedenken der Ahnen angewendet, teilweise führt man sie zusammen mit Buddhisten durch.

Ein wichtiges Ritual gilt den **Kommunen**, in denen Menschen leben. Dabei können mehrere zusammengefasst werden, bis zu einigen Hundert. Die Zeremonie dauert mehrere Tage, in denen man nicht nur fastet, betet und den Göttern opfert, sondern auch Spiele und Prozessionen durchführt. Die taoistischen Priester sind für die korrekte Durchführung all dieser Dinge zuständig. Bei den rituellen Handlungen darf ihnen kein Fehler passieren. Sie haben Assistenten, die ihnen behilflich sind. Vom

Vorlesen eines heiligen Textes bis zum Anzünden des Weihrauchs muss alles genau stimmen.

In einem Teil der Zeremonie zelebriert ein Priester einen speziellen Tanz, begleitend zu einem Text. Er lässt sich zu Boden fallen und kauert sich zusammen. So stellt er die **innere Reise zu den himmlischen Wesen** dar. In weiteren Ritualen, die jedoch nicht von Priestern durchgeführt werden, gibt es auch die Austreibung von Dämonen. Barfußmeister gehen über glühende Kohlen und durchbohren Körperteile mit Schwertern.

Zum Ausklang nimmt die Großveranstaltung einen festlichen Charakter an. Es gibt viel Musik und buntes Treiben. Solche taoistischen Feste haben auf künstlerische Darstellungen Einfluss genommen. In vielen chinesischen Dramen gibt es hochstilisierte Elemente, die rituellen Charakter haben.

Taoistische Priester betreiben die „**Innere Alchemie**". Hierbei widmet man sich der Entfaltung und Verfeinerung seines Chi. Körperliche und geistige Energie führt man zusammen. Dies geschieht in einer tiefen Meditation. Dieser Prozess führt zur inneren Reinigung und bringt Harmonie zwischen Yin und Yang mit sich. Dabei helfen die Meridiane, die man im Körper als gegeben annimmt. Sie spielen auch bei der Akupunktur eine große Rolle. Heilende Maßnahmen vergangener Zeiten, die unter Bezug auf spirituelle Zusammenhänge den Körper des Menschen betrafen, nennt man oft auch „Äußere Alchemie". Daher spricht man davon, dass Taoisten innere und äußere Alchemie betrieben.

TAOISTISCHE LAIEN

Viele **taoistische Laien** suchen die Hilfe von Priestern. Deshalb leben diese Geistlichen nicht in Klöstern, sondern haben in der Gemeinde eine Unterkunft. Die Menschen kommen zu ihnen und finden dort Utensilien wie einen Altar, Darstellungen von Göttern und religiöse Gegenstände vor. Sie teilen dem Priester ihre Probleme, z. B. Krankheiten oder Ängste, mit. Zur Heilung malt er ein **Symbol** auf. Dessen Energie überträgt sich auf die bittende Person. Sie trägt ihn als Talisman immer bei sich, bis das Problem gelöst ist.

Andere Möglichkeiten sind, das Papier zu verbrennen und die aufgelöste Asche zu trinken oder das Papier zusammengeknüllt zu verschlucken. Auch brennende Kerzen, andere Lichter und zuweilen das Verfluchen von Dämonen dienen den Priestern dazu, die Ursache einer Krankheit zu vertreiben. Gleichzeitig wenden sie pflanzliche Medikamente und Akupunktur an und greifen zu astrologischen Texten, die sie passend zur Person heraussuchen. Alles spielt sich grundsätzlich **innerhalb eines strikten rituellen Regelwerks** ab. Wer die Dienste in Anspruch genommen hat, bedankt sich normalerweise mit einer Gabe, die aber nie verlangt wird, sondern aus freiem Willen erfolgt.

GÖTTER

Obwohl es keine Götter vor dem Schöpfungsmoment gab, in dem Tao erschien, haben Taoisten verschiedene Götter. Eine mächtige Gottheit übernahm der Taoismus aus früheren Zeiten, und sie hat im heutigen China immer noch Bedeutung. Es ist **Xi Wangmu.** Die Göttin wohnt der Vorstellung nach in den herrlichen Kunlun-Bergen, die im Westen des Gebiets zwischen Himmel und Erde liegen. Es kann mittels einer Leiter von spirituell besonders begabten Menschen erklommen werden. Dort pflegt sie ihren mächtigen Pfirsichbaum, der alle 3.000 Jahre die **Früchte der Unsterblichkeit** hervorbringt. Xi Wangmu gilt als Herrscherin über Leben und Tod, Erschaffung und Vernichtung, Krankheit und Heilung. Sie hält die kosmischen Kräfte in ihren Händen. Wer spirituellen Zugang zu ihr findet, kann überirdische Erkenntnisse gewinnen und sogar Unsterblichkeit erlangen.

Auch den Gott **Taiyi** übernahm der Taoismus. Er stellt die „große Einheit" dar und bringt Inspiration für Lernende mit. Sein Wohnort ist der Polarstern, der hellste Stern im „Kleinen Wagen". Laotse selbst, den die Himmlischen Meister zum Gott erhoben, ist bei Taoisten heute noch eine göttliche Gestalt.

SYMBOLE DES TAOISMUS

Es gibt einige Symbole, die Unsterblichkeit repräsentieren. Von der **Ur-Göttin Xi Wangmu** übernommen, gehört der Pfirsich dazu. Da man den Unsterblichen zuspricht, fliegen zu können, gelten auch viele Vögel als Symbol, weiterhin die Gestalt des Drachen. Aus dem Pflanzenreich hat die Kiefer den entsprechenden Stellenwert inne, weil sie langlebig ist.

Ein ausgehöhlter und getrockneter Kürbis, den man früher als Flasche verwendete, ist heute noch ein Symbol. Man konnte Rezepturen darin mixen und das Medikament dann in dem Gefäß transportieren. Oft mischte man in speziellen Elixieren Zinnober unter, weshalb er zum Symbol für Unsterblichkeit und Glück wurde.

Sonne, Mond und Sterne sind beliebte Symbole im Taoismus. Die Chinesen hatten schon sehr früh erhebliche astronomische Kenntnisse. Da die Gottheit Taiyi in den Taoismus überging, spielt der Polarstern eine tragende symbolische Rolle.

Für die kosmische Einheit, die sich in Yin und Yang trennt, ist das **Taijitu** ein allgemein bekanntes Symbol. Es besteht aus einem Kreis, der sich in zwei gleich große geschwungene Flächen teilt, einer schwarzen und einer weißen, mit jeweils einem Punkt der anderen Farbe darin. Es wird wiederum oft selbst symbolisiert, und zwar durch Tiger und Drachen.

Die acht Orakelzeichen, die die Basis des I Ging bilden, sind ebenfalls wichtige Symbole des Taoismus und werden oft um das Taijitu herum angeordnet. Was sie genau bedeuten, wird unterschiedlich interpretiert. Jedenfalls handelt es sich um grundlegende Prinzipien. Sie werden auch als **Bagua** bezeichnet. Eine Deutung sind die Naturkräfte, darunter Feuer, Wasser, Wind, Berge, Donner und Wind.

Die Roben der Priester sind oft mit den genannten Symbolen überzogen. Darüber hinaus finden sich noch Zeichen, die **die „Acht Unsterblichen"** darstellen. Acht sind es deshalb, weil die Zahl Acht in China von alters her als Glückszahl gilt. Der Taoismus integrierte sie in seine Weltanschauung aufgrund seiner Ansicht, man könne unsterblich werden. Sie kamen mehrere Jahrhunderte nach Entstehung des Taoismus auf und wurden zu Figuren in künstlerischen Werken.

Die „Acht Unsterblichen" erfreuen sich eines glücklichen Lebens inklusive der Fähigkeit zu fliegen, sind frei von körperlichen Beschwerden und wohnen an einem Ort, der von Menschen unberührt bleibt. Symbolisch stellen sie sowohl das Glück dar wie auch grundlegende Lebensbedingungen, darunter jung und alt sowie männlich und weiblich. Aber auch arm und reich ist vertreten. Es sind **mythologische Figuren** mit menschlichen Namen, und jeder hat eine besondere Fähigkeit. Der eine kann gut Flöte spielen, ein anderer lässt Blumen sprießen. Sie betätigen sich zudem als Schutzheilige, z. B. für Kranke, Friseure und Blumenhändler. Jeder hat etwas Besonderes dabei, z. B. eine kleine Tafel aus Jade oder eine Lotosblüte. Zusammen sind es acht Kostbarkeiten. Die „Acht Unsterblichen" haben den Ruf, Menschen im Namen der Gerechtigkeit zu helfen, z. B. Menschen in schwierigen gesellschaftlichen oder sozialen Situationen.

Der Taoismus kennt **symbolische Akte**, bei denen man schriftliche Darstellungen verwendet. Die ersten Texte, die es in China gab, sah man als **göttliche Kommunikation mit den Menschen** an. Daraus entwickelte sich der Glaube, mit Schriftzeichen Kontakt zur Götterwelt aufzunehmen. Wer Priester werden will, muss wichtige Texte eigenhändig abschreiben. Der ausgebildete Priester kann Talismane für sich und andere Menschen erstellen. Das können in kunstvoller Schrift erfasste Wörter sein, aber auch Symbole wie Figuren oder Muster. Während des Prozesses des Niederschreibens oder -malens befindet sich der Priester im Einklang mit den zuständigen Göttern. Der Talisman dient als Medizin, als Beschützer oder Glücksbringer. Das Papier mit dem Talisman verbrennt man oft, beispielsweise als Abschluss einer Feierlichkeit. Dadurch sollen die irdischen Zeichen in kosmische Energie übergehen und so ihren positiven Einfluss entfalten.

Die Taoisten lieben **Verzeichnisse**. Der angehende Priester erhält eins mit den Namen der himmlischen Wesen, die er in seinem Ausbildungsstadium anrufen darf. Bei Beerdigungen hält man ein Register bereit, mit dessen Hilfe man den Verstorbenen in eine Hierarchie eingliedert, sodass er in der göttlichen Ordnung an der korrekten Stelle ankommt. In der Auflistung erwähnt man auch, dass er seine Fehler bereut und deshalb ein Anrecht auf einen angemessenen Platz hat. Die Himmelsmeister pflegten bereits Register über Geburten, Heiraten und andere wichtige Ereignisse im Leben eines Menschen zu führen.

DAS FRAUENBILD IM TAOISMUS

Das **Tao Te King** entstand in einer Zeit, in der soziale Unruhen an der Tagesordnung waren und die klare Unterordnung der Frauen unter Männer herrschte. Frauen waren in einflussreichen Positionen nur schwer vorstellbar. In dieser Konstellation suchte der **Taoismus** einen Ausgleich zwischen den Polen **männlich/Yang und weiblich/Yin.** Das konnte unter diesen gesellschaftlichen Verhältnissen nicht so aussehen, dass Frauen aufgefordert wurden, aus ihrer Rolle auszubrechen und männliche Domänen zu besetzen. Soweit man sie aufforderte, mehr männliche Qualitäten zu zeigen, blieb das doch mehr ein theoretischer Aspekt im Rahmen des Ausgleichs zwischen Yin und Yang.

Doch der umgekehrte Weg wurde empfohlen. **Männer sollten ruhiger und leiser werden und sich Frauen als Vorbild nehmen.** Im Kapitel 61 heißt es sinngemäß. „Die Weiblichkeit siegt wegen ihrer Stille über die Männlichkeit" und in Kapitel 1 „Sein nenne ich die Mutter der Einzelwesen", womit ein weibliches Prinzip als sinngebend angenommen wird. Männer sollten sich auch weniger aggressiv gebärden und dadurch ein Stück weiblicher werden. Dass innerhalb taoistischer Gemeinschaften Frauen und Minderheiten nahezu die gleichen Chancen hatten wie Männer, ist eine Ausnahme bei vergleichbaren Bewegungen.

Der bedeutende **Taoist Lienzi**, der im fünften Jahrhundert lebte, übernahm eine Zeit lang in seinem Haus die Tätigkeiten, die die Frauen verrichteten, um für die **Entwicklung seines Yin** dazuzulernen. Taoistische Priester nahmen sich ein Beispiel daran und übten sich darin, typisch männliche Aktivitäten wie lautes Sprechen zu unterlassen und sich um eine freundliche Ausstrahlung zu bemühen. Diese grundsätzliche **Akzeptanz der Weiblichkeit führte** dazu, dass sie sich einen Embryo im eigenen Körper vorstellen konnten und einige sogar anstrebten, ihn zu erzeugen. Dies war bemerkenswert, denn zur gleichen Zeit gab es die verbreitete Haltung, den weiblichen Körper und die Schwangerschaft als unrein anzusehen.

Die **Himmelsmeister** hatten den **Grundsatz der Gleichheit von Männern und Frauen**. Den weiblichen Mitgliedern waren auch die hohen Ränge zugänglich. Es gibt Beispiele dafür, dass Frauen einflussreiche Führungsfiguren wurden. Trotzdem konnten sich die Himmelsmeister den gesellschaftlichen Normen nicht entziehen, die meisten Inhaber leitender Positionen waren

Männer. Die Gründe, warum Frauen sich den taoistischen Gemeinschaften anschlossen, waren unterschiedlich. Sie wollten nicht heiraten, ein Konkubinat beenden oder als Witwe beitreten. Anderen ging es um Bildung, von der sie ansonsten ausgeschlossen waren.

Im taoistischen Götterhimmel sind **weibliche Gottheiten** vertreten, die von Männern und Frauen gleichermaßen verehrt werden. Frauen rufen sie jedoch zusätzlich unter dem speziellen Aspekt an, sie als Frau in ihrer Spiritualität zu fördern. Unter den „Acht Unsterblichen" gibt es ebenfalls ein weibliches Wesen, manche Interpretationen nehmen zwei an.

Taoistische Frauen wandten sich nicht an die Göttinnen, um Kindersegen zu erbitten oder Hilfestellungen für ihre Rolle als Ehefrau und Mutter zu erhalten. Ihnen ging es um ein **unabhängiges Leben und spirituelle Entwicklung**. Abtreibung und Scheidung sind keine wichtigen Themen im Taoismus. Den Frauen wurde, ähnlich wie in buddhistischen Klöstern, mehr Freiraum zugestanden, als in der Gesellschaft üblich war. Ihre soziale Stellung im Allgemeinen änderte sich durch den Taoismus in China insgesamt nicht. Eine offizielle Gleichstellung erfolgte erst mit der Gründung der Volksrepublik China, seit 1950 dürfen die Frauen per Gesetz ihren Ehemann selbst aussuchen.

DIE ROLLE DER SEXUALITÄT IM TAOISMUS

Homosexualität ist kein hervorstechendes Thema im Taoismus, doch Sexualität spielt eine große Rolle. Der Taoismus sieht sie als ein wichtiges Gebiet an, auf dem Yin und Yang sich vereinen. Entsprechend gibt es im Taoismus **keine Enthaltsamkeit**. Einzelne Richtungen entwickelten sich allerdings dahin, dass klösterliches Leben zölibatär zu sein hatte.

Zu den frühen Praktiken des Taoismus gehörte der **Geschlechtsverkehr zwischen Männern und Frauen, die nicht verheiratet waren.** Es war ein Ritus, der Richtlinien folgte. Es ging nicht um Lustgewinn oder Befriedigung sexueller Bedürfnisse. Der Höhepunkt war nicht Ziel der Aktivität, er wurde eher als **Verschwendung von Energie** angesehen. Durch den Akt sollten sich die männlichen und weiblichen Energien vereinen, wobei die beiden Menschen gleichberechtigte Partner waren. Eine klare geistige Haltung und das Einhalten von Regeln waren gefordert, damit die sexuelle Energie nicht einfach verpuffte, sondern in **positive Kraft für Körper und Geist umgewandelt** wurde. Das war ein aktiver Prozess, den man steuerte. Daher gab es eine regelrechte **taoistische Sexuallehre** mit der Anleitung zu Übungen. Manche Heiler bezogen sexuelle Handlungen in den Genesungsprozess ein und empfahlen spezielle Techniken. Der Taoismus sieht das Spüren von sexueller Energie als fördernd für die allgemeine Lebensenergie an. Die Hormone wirken, richtig geleitet, verjüngend.

Die Grundlagen der taoistischen Sexuallehre werden heute noch in einigen Richtungen/Sekten angewendet. Die Lehre ist fast eine Philosophie für sich. Sie geht davon aus, dass Yin und Yang sich vereinen müssen, damit das Herz und der Geist des Menschen zusammenfinden. Das führt auch zur **Vereinigung mit den kosmischen Prinzipien.** Gleichzeitig müssen sowohl Männer wie Frauen sich um ihre **sexuelle Energie** kümmern. Sie gilt als **die Kraft, die den Körper stärkt,** weil sie durch alle Organe fließt und ihn dadurch am Leben erhält.

Die Taoisten stießen bei der Frage, wie man die natürlichen Lebensgesetze erhält, auf die Sexualität und stellten fest, dass sie das grundlegende Prinzip dafür ist. Allerdings muss man lernen, mit ihr umzugehen. Dazu bedarf es der Kontrolle. Körperliche und geistige Übungen verhelfen dazu. Frauen sollen beispielsweise ihre Brüste und Männer ihre Hoden sanft massieren und sich dabei geistig auf ihre sexuelle Kraft konzentrieren, was nichts mit Selbstbefriedigung zu tun hat. Vielmehr steigt die Energie dann ins Gehirn auf, indem der Übende sie durch mentale Kraft aktiv dorthin schickt. Weitere Übungen betreffen den Beckenboden.

Diese Übungen, die jeder Mensch für sich selbst macht, wirken sich laut der Lehre positiv auf die sexuelle Begegnung zwischen zwei Partnern aus. Auch während des Aktes sollen die Partner in der Lage sein, **die sexuelle Erregung in eine Kraft, die ins Gehirn aufsteigt, zu verwandeln.** Letztlich sollen die erlernten

Kontrollmechanismen zu einer erfüllteren Sexualität, aber vor allem zu mehr Lebensenergie verhelfen. Auch der **Zugang zur Spiritualität** soll dadurch weiterentwickelt werden. Die bewusste Steuerung sexueller Energie wird als Grundlage für das Gleichgewicht zwischen Yin und Yang genutzt. Da sie ins Gehirn gebracht wird, sorgt sie dort für einen Ausgleich der beiden Hirnhälften und bringt Harmonie ins Leben des Menschen.

Der Ausgangspunkt für die taoistischen Überlegungen war, dass man es für eine große Verschwendung natürlicher Kräfte hielt, wenn unzählige Spermien und Eizellen produziert werden, aber zum größten Teil ungenutzt den Körper wieder verlassen. Daher sollten Männer lernen, das Ausstoßen des Samens unter Kontrolle zu bringen, Frauen das Ausstoßen des Eis. Auch für Menschen, die keinen Sexualpartner haben, nimmt man diese Fähigkeiten als lebensstärkende Funktion an. Es ist ein wichtiger Teil der **Selbstkultivierung**.

Im Sinne der taoistischen Sexuallehre ist der unkontrollierte Geschlechtsverkehr ohne Einbeziehung des Geistes ein Zeichen niedriger Entwicklungsstufe. Die aufgestaute Energie entlädt sich mit einem Mal, während viele Energien, die man für Harmonisierung und Kräftigung nutzen könnte, verpuffen. Dem setzt sie eine Kultivierung entgegen, bei der beide Partner die Vereinigung von Yin und Yin durch Einsatz des Geistes steuern. In diesem Sinn wird der Geschlechtsakt nicht auf die Geschlechtsorgane reduziert. Manche Taoisten reden von einer

„engelsgleichen" Vereinigung. So können Frauen und Männer sich gegenseitig zum Erleben einer Ganzheit und kosmischen Kraft verhelfen. Auch heutige taoistische Meister folgen im Wesentlichen dieser Sexuallehre.

Die Sexuallehre trug zum Entstehen der Übungen des **Qigong** bei, die durch verschiedene Bewegungen in Verbindung mit meditativer Konzentration Körper und Geist kultivieren und harmonisieren soll.

TAOISMUS HEUTE

Man geht von ca. 60 Millionen Taoisten allein in China aus. Doch genau wie die Schätzung der Zahlen von Anhängern des Konfuzianismus und des Buddhismus, machen verschiedene Quellen verschiedene Angaben.

Heute gibt es in China **Ausbildungsstätten für taoistische Priester** und Forschungsstätten über die geschichtliche Entwicklung der Philosophie. Nach wie vor existieren mehrere Schulen, die im Allgemeinen als Sekten bezeichnet werden, darunter zwei Hauptrichtungen.

Die südliche Ausrichtung **Zhengyi** betont die Anbindung an die Gemeinschaft und bietet Andachten an. Die Priester dürfen heiraten. Sie führen die traditionellen Rituale in den Tempeln aus, vor allem bei Beerdigungen und Hochzeiten. Viele weitere Rituale sind, wie in früheren Zeiten, magisch geprägt. Es gibt Götter, die man anbetet und verehrt. Die Priester betätigen sich mit rituellen Heilungen und teilweise mit der Austreibung von Dämonen. Individuen und Gruppen, z. B. Familienverbände, können sich an sie wenden. Es gibt Feste, die mit Göttern in Verbindung stehen, z. B. die Einweihung einer Statue oder der Geburtstag einer wichtigen Gottheit für die Kommune. Wie seit Jahrhunderten sind kulturelle Veranstaltungen und Prozessionen integriert. Man opfert den Göttern und verbindet sich mit den kosmischen Energien.

Die Taoisten der nördlichen Ausrichtung **Quanzhen** leben in Klöstern, heiraten ist nicht gestattet. Sie führen ein Leben, in dem jeder Einzelne seinen Weg zum richtigen Leben findet. Daher gibt es vielfältige Meditationstechniken. Diese Form des Taoismus hat einige Elemente aus dem Buddhismus übernommen. Die vielen Rituale des Zenghyi, die auf menschliche Gemeinschaften gerichtet sind, gibt es nicht. Stattdessen findet man verstärkt Atemübungen und Techniken für Visualisierungen, die u. a. zur Erleuchtung führen sollen. Man strebt den Sieg des Geistes über die materielle Welt an, um Erfüllung und Sinn im Leben zu finden. Auch Wertvorstellungen aus dem Konfuzianismus sind übernommen, z. B. verwendet man das I Ging.

V. Die drei Lehren im heutigen China

Alle drei Lehren sind heutzutage nicht nur in Fernost, sondern auch **in der ganzen Welt verbreitet**, in unterschiedlichen Schulen und mit unterschiedlichen Schwerpunkten, doch immer mit Bezug auf den jeweiligen Gründer und seine Texte. Auch im heutigen China bestehen alle drei philosophischen Richtungen, jede ebenfalls mit verschiedenen Ausrichtungen. Die entsprechenden kulturellen Stätten sind gut besucht und fördern einen beachtlichen Teil des Tourismus. Je nach Interpretation sieht man sie als Philosophie oder Religion an.

Kommen wir auf das zu Beginn genannte Sprichwort zurück. „Ein Chinese ist Konfuzianer, wenn es ihm gut geht, er ist Taoist, wenn es ihm schlecht geht, und er ist Buddhist im Angesicht des Todes." Nun kann man es gut erschließen. Wenn jemand zufrieden ist, will er seinen Status und seine soziale Position nicht grundlegend verändern und folgt den Weisheiten Konfuzius' in dieser Hinsicht gern. Geht es jemandem schlecht, kann er gut einsehen, dass er eine Wandlung braucht. Er findet Trost, Hilfe und konkrete Vorschläge bei Laotse und dem Taoismus. Beschäftigt sich aber jemand mit dem Tod, dann bietet der Buddhismus mit seiner Idee der Wiedergeburt eine Perspektive.

Rechtliches und Impressum

Das Werk einschließlich aller Inhalte ist urheberrechtlich geschützt. Der Nachdruck oder Reproduktion, gesamt oder auszugsweise, sowie die Einspeicherung, Verarbeitung, Vervielfältigung und Verbreitung mit Hilfe elektronischer Systeme, gesamt oder auszugsweise, ist ohne schriftliche Genehmigung des Autors untersagt. Alle Übersetzungsrechte vorbehalten.

Die Inhalte dieses Buches wurden anhand von anerkannten Quellen recherchiert und mit hoher Sorgfalt geprüft. Der Autor übernimmt dennoch keinerlei Gewähr für die Aktualität, Richtigkeit und Vollständigkeit der bereitgestellten Informationen. Haftungsansprüche gegen den Autor, welche sich auf Schäden gesundheitlicher, materieller oder ideeller Art beziehen, die durch Nutzung oder Nichtnutzung der dargebotenen Informationen bzw. durch die Nutzung fehlerhafter und unvollständiger Informationen verursacht wurden, sind grundsätzlich ausgeschlossen, sofern seitens des Autors kein nachweislich vorsätzliches oder grob fahrlässiges Verschulden vorliegt.

Dieses Buch ist kein Ersatz für medizinische oder professionelle Beratung und Betreuung. Dieses Buch verweist auf Inhalte Dritter. Der Autor erklärt hiermit ausdrücklich, dass zum Zeitpunkt der Linksetzung keine illegalen Inhalte auf den zu verlinkenden Seiten erkennbar waren. Auf die verlinkten Inhalte hat der Autor keinen Einfluss. Deshalb distanziert der Autor sich hiermit ausdrücklich von allen Inhalten aller verlinkten Seiten, die nach der Linksetzung verändert wurden. Für illegale, fehlerhafte oder unvollständige Inhalte und insbesondere für Schäden, die aus der Nutzung oder Nichtnutzung solcherart dargebotener Informationen entstehen, haftet allein der Anbieter der Seite, auf welche verwiesen wurde, nicht aber der Autor dieses Buches.

1. Auflage
Copyright 2024 – Lennart Sonnstedt
Alle Rechte vorbehalten.
Das Werk darf - auch teilweise - nur mit Genehmigung des Verlags verviel-
fältigt werden.

ISBN: 978-3-98935-515-6

Lucid Page Media (ein Imprint der Orbita Media GmbH)
Ericusspitze 4
20457 Hamburg
Deutschland
kontakt@lucidpagemedia.de

Coverfoto: Ian Dyball/shutterstock.com
Formatierung: Lennart Sonnstedt
Layout: individualgraphics